U0084471

◀ 序 ▶

　　讓我深刻感受到行動支付的便利性，是由於這幾年頻繁前往中國。在當地不論是路邊小吃攤、市場攤販，甚至是搭乘計程車，生活中再小的開銷，都可以直接使用手機完成付款，這對身處異地的我來說，相當便利，因為再也不用在結帳時，為了辨識貨幣而慌亂，出門只要手機在手，就能夠輕鬆解決生活中的大小事。

　　當我逐漸習慣使用行動支付付款，在我回到台灣後，就開始感到有些不便，因為台灣的行動支付尚未普及，但隨著國際發展的趨勢、國外旅客的增多，我發現，台灣開始有攤販提供行動支付的服務，讓消費者可以掃條碼付款，雖然為數不多，這卻讓我產生撰寫這本書的動機。我相信，在未來行動支付勢必會影響我們的生活，所以為了讓大家在使用行動支付時，能更輕鬆的上手，並且對國內外行動支付有一定的了解，在書中介紹幾款較常見的行動支付，讓讀者可以從中挑選出符合自己需求的行動支付，開始享受行動支付打造的便利生活。

　　對於想要加入行動支付使用行列的人，也不用擔心不會使用行動支付，因為書中提供台灣、中國與國際間常見的行動支付使用說明，以 iOS 手機和 Android 手機實際的操作畫面，搭配詳細的步驟說明，讓讀者只要選定想用的行動支付，就可以跟著圖文步驟的指引輕鬆完成行動支付的註冊與開通，開始體驗最便利、簡單且輕鬆的生活哲學。

盧‧納特

Lew‧Nat

▶ 新加坡商明碟科技股份有限公司－工程部部長
高點教育出版集團－系統分析師
績碩科技股份有限公司－系統分析師

目錄 Content ▸

3 開通中國的行動支付 Activating mobile payment of China

4 開通台灣的行動支付 Activating mobile payment of Taiwan

CHAPTER
01

行動支付的時代

Era of mobile payment

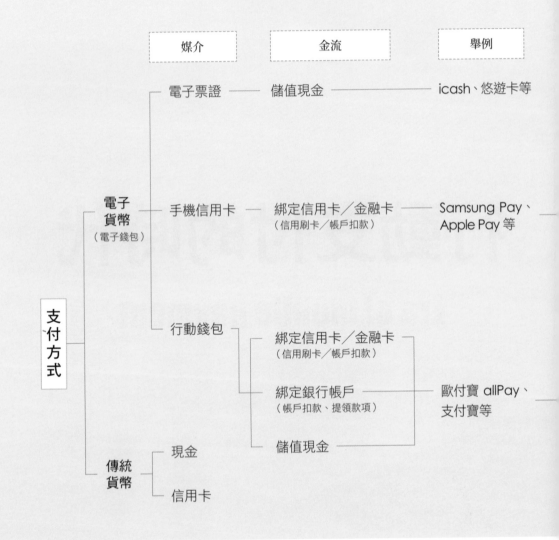

媒介	金流	舉例

電子貨幣（電子錢包）

電子票證 ── 儲值現金 ─────────── icash、悠遊卡等

手機信用卡 ── 綁定信用卡／金融卡
（信用刷卡／帳戶扣款） ── Samsung Pay、
Apple Pay 等

行動錢包 ── 綁定信用卡／金融卡
（信用刷卡／帳戶扣款）
綁定銀行帳戶
（帳戶扣款、提領款項） ── 歐付寶 allPay、
支付寶等
儲值現金

支付方式

傳統貨幣

現金

信用卡

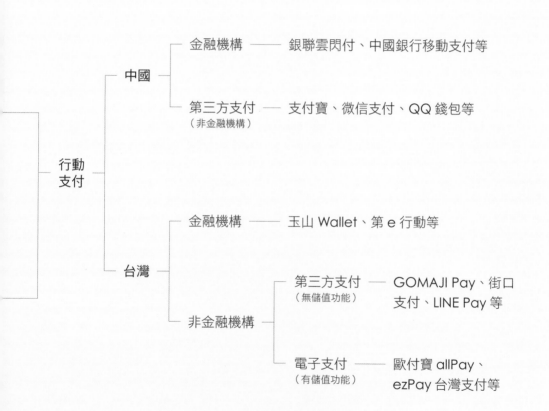

| 業者 | 舉例 |

中國
- 金融機構 —— 銀聯雲閃付、中國銀行移動支付等
- 第三方支付（非金融機構）—— 支付寶、微信支付、QQ 錢包等

行動支付

台灣
- 金融機構 —— 玉山 Wallet、第 e 行動等
- 非金融機構
  - 第三方支付（無儲值功能）—— GOMAJI Pay、街口支付、LINE Pay 等
  - 電子支付（有儲值功能）—— 歐付寶 allPay、ezPay 台灣支付等

什麼是行動支付
What is mobile payment

當消費者使用智慧型手機、平板電腦或穿戴式裝置（智慧型手錶、戒指、手環）等行動裝置時，可先透過內建的應用程式，或下載並安裝支付平台的應用程式（APP），再綁定信用卡、金融卡、銀行帳戶或儲值現金。

在消費時，以行動裝置掃描 QR Code、感應讀卡機或出示付款條碼等，向提供商品或服務的商家完成交易的支付方式，就是所謂的行動支付，也稱為移動支付。

🎁 關於電子錢包

電子錢包在電子商務活動中，是指將實體貨幣虛擬化儲存在特定平台或 IC 卡（智慧卡片）中，讓用戶在進行結帳時能夠快速完成付款的支付工具。

對台灣民眾來說，最熟悉的電子錢包形式就是電子票證（如悠遊卡、一卡通、icash 等），將現金或銀行帳戶的資金存入儲值卡，透過匹配的感應設備感應卡片立即完成支付。其次是手機信用卡，將手機綁定信用卡或金融卡，透過手機內建 NFC 功能晶片進行感應支付。

這兩種電子錢包雖為台灣民眾的日常帶來便利性，但卻因條件限制，影響了運用的層面。電子票證因受台灣法規規範，目前僅能用於小額支付及儲值，不能轉帳或提款；而手機信用卡（如 Samsung Pay、Apple Pay、t wallet+ 等）則因不是每款智慧型手機內建都具備 NFC 功能晶片，再加上並非每家銀行發行的所有卡片類型都適用，使得用戶須要購買新手機或申辦適用的信用卡，甚至若是使用 TSM 技術的手機信用卡（如 t wallet），

部分用戶須向電信業者申辦 NFC SIM 卡，以及向銀行申辦專用的手機信用卡和行動金融卡，以及商家也須具備匹配的感應式讀卡機，消費者和商家才能完成收付款。

如今，電子錢包在中國的發展與應用相對較成熟，用戶只須綁定銀行卡或儲值現金在支付平台帳戶，就可以在網路或實體商店完成交易，以及應用在日常生活中，如支付水電燃煤費、停車費、教育學費、醫藥掛號費、計程車搭乘費、遊戲娛樂點數等開銷，用戶甚至還可以透過支付平台進行儲值、提款、轉帳等帳戶資金管理，將電子錢包發展成「行動錢包」，而當行動裝置含有電子錢包的功能性，就稱為行動支付。

種類	電子票證	手機信用卡	行動錢包
金流方式	儲值現金	信用卡、金融卡	信用卡、金融卡、銀行帳戶、支付平台帳戶
交易技術	RFID（無線射頻辨識系統）	TSM ／ HCE 技術、NFC 功能晶片、POS（銷售點管理系統）	一維條碼（Barcode）、二維條碼（QR Code）、POS（銷售點管理系統）
法規規範	《電子證券發行管理條例》	《信用卡業務機構辦理手機信用卡業務安全控管作業基準》	《電子支付機構管理條例》
支付工具	悠遊卡、icash、一卡通等。	Apple Pay、t wallet+、Android Pay 等。	歐付寶 allPay、支付寶、微信支付等。

✇ 行動支付類型與應用

根據行動支付的交易情境分成兩種支付方式：

1. 遠端支付，常用於網路購物，是指消費者在結帳時使用行動裝置進行線上刷卡、銀行扣款或帳戶餘額支付等方式完成線上虛擬付款，如行動網路支付、對等式網路。

2. 近場支付，是指消費者在付款時，透過匹配的感應設備或掃描裝置，讀取行動裝置內的 NFC 功能晶片或支付平台雲端資料庫的支付資訊，完成線下實體付款，如非接觸型支付、掃描條碼支付。

行動網路支付
使用行動裝置在網頁或 APP 中完成線上支付。

非接觸型支付
透過行動裝置內建 NFC 功能晶片在匹配的感應設備前完成支付。

掃描條碼支付
運用行動裝置和收款裝置掃描 QR Code 完成線下支付。

對等式網路
利用行動裝置在特定平台上與其他會員完成款項轉移。

▌行動支付類型

行動支付除了根據交易情境分為遠端支付和近場支付外，行動支付也依不同的交易技術分成以下幾種類型。

◉ 行動網路支付

消費者在行動裝置上使用網頁或在 APP 上購物，並運用支付平台的帳戶餘額、銀行帳戶或信用卡等完成線上虛擬支付的交易時，就屬於行動網路支付（如下圖一）。

圖一·行動網路支付的頁面。

◉ 非接觸型支付

在行動支付中，非接觸型支付是近場支付的形式之一，透過行動裝置內建的 NFC 功能晶片，讓消費者可以在實體商店購物或搭乘大眾交通工具時，只需要將行動裝置靠近匹配的感應設備，進行非接觸式點對點支付資訊的交換，就可以完成付款。

圖二·非接觸型支付。

目前已有數家廠商、業者採用此種交易技術開發專屬的行動支付平台，如 Apple Pay、Android Pay、t wallet+ 等，他們讓智慧型手機變成含有手機信用卡的功能。在台灣除了手機信用卡外，也有部分電子票證導入 NFC 功能晶片的技術，讓手機成為 NFC 手機交通票證，方便消費者直接使用手機進出大眾交通工具，以及查詢票卡餘額或交易紀錄（如圖二）。

◉ 掃描條碼支付

掃描條碼的支付方式在實體商店或其他真實消費情境中，有兩種操作方式：

1. 收款者提供與支付平台合作的 QR Code，讓付款者使用行動裝置上相同的支付平台 APP 進行掃描付款。

2. 由付款者在行動裝置上顯示支付平台上扣款帳戶的 QR Code，讓收款者使用特定的裝置掃描條碼並收取款項。

由於掃描條碼的支付方式在開發應用上較為容易，也適合零售業者、小型商店、小攤販等小額交易的商家運用，因此國內外多數的行動支付平台採用此種近場支付的形式，如支付寶、微信支付、歐付寶 allPay、Pi 行動錢包、GOMAJI Pay 等。

◉ 對等式網路（Peer to Peer，簡稱 P2P）

對等式網路為在相同的支付平台上，用戶可以藉由支付平台開發的支付情境，進行 A 點到 B 點的金錢往來，如收送紅包、款項轉移、AA 制分帳等無實質交易的轉帳。

目前中國的行動支付已不限於消費者和商家的交易支付，已延伸至用戶的生活情境中，如支付寶、微信支付、QQ 錢包等支付平台已將 P2P 的形式結合社交活動，發展出所謂的社交支付。

🎁 行動支付將改變付款習慣

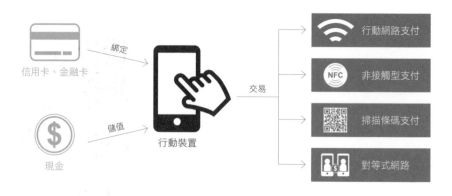

▌將實體信用卡虛擬化

　　當消費者將信用卡或金融卡綁定在行動支付平台之後，支付平台就把實體卡片虛擬化成手機信用卡，讓消費者在消費時，只需要透過支付平台就可以直接刷卡（信用卡）或扣款（金融卡），而且金錢流動方式與現場實際刷卡的模式雷同（可參考 P.16），幫助消費者解決攜帶各種卡片大包小包的困擾。

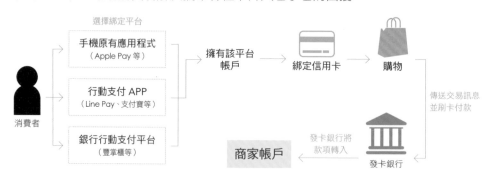

▌將儲值現金電子化

　　除了透過支付平台使用信用卡或金融卡完成付款，消費者還可以直接將現金儲值在支付平台，讓支付平台如同銀行業者般保管消費者的現金，讓消費者在購物時，可以不需要攜帶過多現金，同時解決找零付現的困擾，以及減輕錢包的負擔。

將智慧型手機變錢包

　　當支付平台結合智慧型手機，提供消費者下載並安裝支付平台的手機應用程式
（APP）時，手機就具有現金和信用卡付款的功能，並成為一種支付工具，讓消費
者可以在線上網路或線下實體消費時，直接使用手機完成付款，實現手機即是錢包
的行動支付概念。

行動支付的特點

　　行動支付讓用戶在購物消費時可以省去許多瑣碎的手續，如在網路上可以免去
每筆交易刷卡付款時，必須填寫卡片資料的步驟，在實體商店則可以免去攜帶多張
卡片或鈔票的困擾。行動支付除了讓用戶的生活更加簡單便利之外，本身還具備幾
項特點，讓行動支付的發展潛力備受矚目。

無地域限制
不必長途跋涉到指定地點，就可通過行動裝置安裝相對應的 APP，擺脫傳統
申辦及繳款須至對應地點的限制。

即時性
無須排隊等候，不受營業時間限制，就可以完成所須的服務。

便捷性
只需出示行動裝置上的 QR Code 或條碼就可隨時支付。

錢包 Out
藉由儲值現金或綁定信用卡在行動支付的 APP 上，可免除攜帶鈔票、信用卡等
信用貨幣的困擾。

第三方支付擔當
重要角色

Third party payment plays an
important role

網路購物，在台灣有許多支付方式供消費者選擇，所以在付款時相當方便。但對於早期的中國民眾來說，網路購物的支付方式選擇有限，還需要擔心交易是否安全可靠，因此中國電子商務業者發展出「第三方支付」，在網路購物的過程中，擔任中介的角色，以保障消費者和商家雙方的權益，並提供安全可靠的交易方式。

消費者　購物　刷卡　交易授權　發卡銀行　支付款項　商家

第三方支付保障交易權益

　　以下中國第三方支付的支付寶為例，說明消費者在淘寶網購物時，支付寶是如何維護消費者的權益。

購物流程

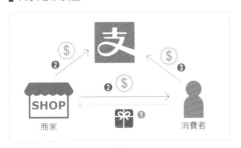

① 消費者在淘寶網上購物，確認購物明細後，向商家提交訂單並進行結帳。

② 消費者提交訂單後，畫面顯示須支付的款項，並選擇以支付寶支付款項。（註：此時支付款項的金額是由商家告知消費者和支付寶。）

③ 消費者確認訂單無誤後，藉由支付寶完成付款。（註：支付寶依消費者選擇的付款方式，向發卡銀行送出繳款訊息，或是直接從儲值帳戶代收貨款。）

① 支付寶確認收到消費者的款項，並暫時保管，但會先告知商家消費者已確實付款。（註：若消費者刷卡付款，支付寶確認刷卡成功後，再通知商家可以出貨。）

② 商家收到支付寶已收到款項的通知，依訂單出貨。

消費者確認商品無誤並簽收後，至淘寶網按下「確認收貨」，淘寶網才會經由支付寶撥款給商家。

退款流程

如果發生商品在運輸過程中遺失、商家並未將商品寄出、商品尚未寄出，消費者想取消訂單，可以向淘寶網申請退款，並附上退款理由。（註：此時貨款仍由支付寶保管，所以貨款實際由支付寶處理。）

消費者在淘寶網將退款理由告知商家，並經協調取得商家同意即可取消交易，再經由支付寶將貨款退回給消費者。

🎁 銀貨兩訖的交易流程

　　「第三方支付」主要的作用在於「提供網路交易代收代付服務」。「代收」是指第三方支付以中介平台的身分，讓消費者先將貨款存放在平台的帳戶；「代付」則是指第三方支付會等消費者確實收到商品後，才會將存入的貨款付給商家。消費者和商家可藉由第三方支付的代收代付服務，得以銀貨兩訖，降低遠端交易的風險。

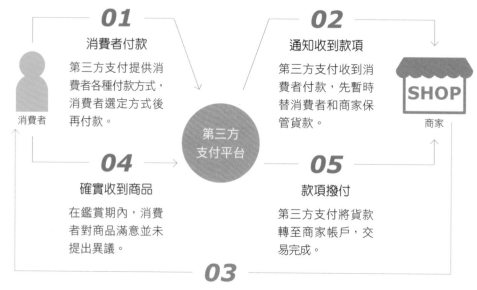

01 消費者付款
第三方支付提供消費者各種付款方式，消費者選定方式後再付款。

02 通知收到款項
第三方支付收到消費者付款，先暫時替消費者和商家保管貨款。

04 確實收到商品
在鑑賞期內，消費者對商品滿意並未提出異議。

05 款項撥付
第三方支付將貨款轉至商家帳戶，交易完成。

消費者　第三方支付平台　商家

03 商家收到通知依訂單出貨

Note

若是消費者未收到商品，或是在鑑賞期內對商品不滿意，可向第三方支付提出異議，並將商品完整退回給商家。商家收到退貨並確認無誤後，第三方支付就會將貨款退還給消費者。若雙方對於以上處理方法無法達成共識，第三方支付將會介入處理或是經由法院判決，確認貨款將交給哪一方。

🎁 支付平台的服務特點

　　根據第三方支付的交易流程，可以發現第三方支付作為交易的中介平台，有以下幾個特點：

01 通路深入且廣大

第三方支付業者運用網路和實體商家、拍賣等業者簽訂合作關係（如淘寶網與支付寶、eBay 與 PayPal），以及提供平台（如微信、QQ）集結商家，除了讓消費者可以在平台上一次性瀏覽眾多商品外，也可以在與第三方支付有合作的網站或實體商店使用第三方支付的服務。

02 綁定信用卡和帳戶儲值

消費者若想透過第三方支付付款，必須先在第三方支付平台註冊帳戶，並輸入信用卡資料，或直接將現金儲存在帳戶裡，以便在支付交易款項時，第三方支付可以直接使用綁定的信用卡或帳戶餘額。

03 付款流程方便快速

因為是透過第三方支付付款，所以消費者只須輸入支付平台的帳號密碼，即可完成付款，且在過程中不需要提供卡片上的金融訊息給商家，可避免個資外洩的風險。

04 款項撥付保障交易

在第三方支付規定的保管期限內，如果發生交易異常、交易糾紛，消費者可以提出退款申請、消費申訴等，要求拒付並退回該款項，且消費者不需要自行向發卡銀行要求止付。

05 退款速度快

使用支付平台的帳戶餘額進行付款時，由於款項被保管在第三方支付平台中，所以當第三方支付收到退款申請時，就可以立即退款，因此退款的處理速度比其他付款方式較快速。

06 零手續費

在交易過程中，第三方支付基本上不會向消費者收取手續費。（註：第三方支付會向商家收取交易手續費。）

▌第三方支付的優勢

除了上述特點外，第三方支付還具備以下優勢：

01 多元的支付方式

以台灣的行動支付歐付寶 allPay 為例，提供用戶使用信用卡、金融卡、歐付寶餘額、網路 ATM、ATM 櫃員機、超商代付款和財付通等方式進行付款。（註：付款方式依各家支付平台而定。）

02 擴大代收代付服務

在中國的第三方支付平台（如支付寶、財付通）已提供用戶繳納水電燃煤費用、繳醫藥費、儲值手機預付卡、信用卡繳款、線上點餐與付餐、計程車叫車與付款等，許多服務項目已脫離網路購物的範圍。

Note

① 提供行動支付服務的「第三方支付」業者，因應各地區的政策、法規和業者的營運模式，而有不同的定義。在台灣因應《電子支付機構管理條例》，第三方支付必須配合法規申請電子支付的營業執照，才可以提供用戶儲值或轉帳的功能服務，也因此在台灣可以儲值或轉帳的第三方支付稱為「電子支付」；而未申請執照，只能提供代收代付的服務，才稱為「第三方支付」，這點就與中國的第三方支付不同。中國的第三方支付根據《非金融機構支付服務管理辦法》規定，凡是非金融機構卻提供支付服務的業者，都必須申請《支付業者許可證》，才可以從事第三方支付的相關業務，所以中國的第三方支付都具備營業執照，這點與台灣的電子支付較為相似。

② 「第三方支付」一詞源自中國，在中國第三方支付模式已相當成熟，因此上述多以中國情況來做說明。

第三方支付結合行動支付

Third-party payment combine mobile payment

對於現代人來説，智慧型手機已成為隨身攜帶物品之一，其便利性也逐漸改變現代人的生活需求。第三方支付業者因應用戶的需求開發手機 APP，讓用戶只要使用智慧型手機，就可以隨時隨地進行網路購物，並完成行動網路支付。

除了網路購物外，第三方支付業者也將代收代付的服務推廣至實體商店或其他實體交易，甚至是非交易的支付，讓應用範圍更加多元且廣泛，也更貼近用戶的日常生活，讓用戶可以省去攜帶多張信用卡和大量現金的困擾，可以靈活運用資金，實現攜帶行動裝置就能支付款項的生活型態。

🎁 行動支付與日常生活

 網路儲值
在支付平台的帳戶中儲值現金，在交易過程中即可使用行動支付付款，不用到銀行或ATM 進行提款或轉帳。

 實體消費
透過支付平台的手機應用程式，到實體商店進行消費時，可用手機支付各種民生開銷，完成線下的交易。

 社交支付
在社交活動中，可以直接運用行動支付平台進行非交易的用途，如聚餐分帳、收送紅包等，完成無實質交易的資金轉移。

CHAPTER

02

國內外的
行動支付

Mobile payment at home
and abroad

中國的行動支付
Mobile payment of China

在中國，一般民眾使用銀行卡的頻率並不高，所以為了因應網路購物平台的發展，以及滿足消費者線上交易的服務需求，中國電子商務業者發展出第三方支付的交易模式，至今已有十餘年。

而隨著數位金融時代的來臨，中國第三方支付為提供消費者更多樣的支付情境，他們將行動支付的交易概念及方式深入到消費者的生活中，讓中國的第三方支付平台，不只是提供消費者線上交易的服務，也能在實體商店購物消費，甚至還能運用在繳納水電燃煤費、學費、投資理財、轉帳分帳等，因此在中國使用行動支付辦理各種生活事項是常見的事。

以下簡單介紹四款中國較常使用的行動支付 APP。（註：在中國「行動支付」稱為「移動支付」，而且中國的第三方支付平台具有儲值、轉帳等功能服務。）

Note

「銀行卡」是指商業銀行發行的具有提款、付款和轉帳等功能的卡片總稱，其中最為常用類型為「信用卡（Credit Card）」和「金融卡（Debit Card）」。在中國信用卡大多稱為「貸記卡」，金融卡則稱為「儲蓄卡」。

✿ 關於財付通

財付通是騰訊集團建立的第三方支付服務平台，以安全、便捷、專業為核心，並以綁定合作銀行的銀行卡和儲值帳戶為基礎，提供個人與企業用戶各種支付及清算服務。

財付通推出「財付通手機支付」（又稱手機財付通），透過手機證書、安全鍵盤、支付密碼等多重的安全防護技術，讓用戶安心使用支付平台所帶來的便利服務。

財付通官網 QR Code　　付款方式 QR Code

目前已經有多種行業與財付通合作，包含遊戲、航空、電商、保險、電信、物流、基金等，讓用戶在支付時可選擇財付通付款。而財付通同時也為騰訊集團的微信支付和 QQ 錢包等行動支付，提供安全技術的維護，並且只要以 QQ 帳號啟動財付通帳戶，財付通和 QQ 錢包就完成連結，用戶可以透過財付通管理 QQ 錢包或處理 QQ 內建功能的開通和支出。（註：財付通 APP 目前只提供中國民眾使用。）

▌財付通的特色

多重安全防護
通過手機證書、安全鍵盤、支付密碼、傳輸雙重加密等多重的安全防護技術，給予用戶安心使用的操作環境。

輕鬆管理帳戶
提現、付款、匯款、帳戶切換、明細查詢等，不需要到銀行排隊等候服務，就可以使用支付平台直接辦理。

生活貼心幫手
繳納水電燃煤費、查詢航班動態、信用卡繳款、儲值手機預付卡等多種功能服務，滿足用戶各種支付情境。

QQ 相關開通
查詢 Q 幣 Q 點、儲值 Q 幣、開通 QQ 遊戲等，提供騰訊 QQ 的各種相關服務。

🎁 關於支付寶

支付寶（www.alipay.com）是由阿里巴巴集團創辦，之後經過業務整合，改由子公司螞蟻金服提供服務。支付寶基於擁有阿里巴巴龐大的電子商務和支付系統，目前為中國最大的第三方支付平台。

支付寶以綁定合作銀行的銀行卡和儲值帳戶為基礎，並以「個體」為中心，不斷創新，大力拓展各種行動支付應用的真實情境，包含餐飲、便利超商、計程車、公共運輸、社交互動、稅務繳納等，打造出滿足用戶日常生活需求的服務平台。支付寶也積極的發展國際化服務，已經有數個國家和地區的商店可以使用支付寶付款，讓支付寶的用戶即使在海外旅遊消費，也能體驗行動支付的便捷服務。

也因支付寶具有廣泛的應用層面，除了可用於中國各大網路購物平台之外，也能在國外旅遊時，享受到支付寶提供的服務。

▋ 支付寶的特色

手機結帳
掃描 QR Code 或條碼，或是出示付款碼即可快速付款，也支援離線環境使用。

轉帳收款
收送紅包、聚餐分帳、跨行轉帳、儲值帳戶等，各種資金運用不需要繁雜的處理流程即可完成。

生活便民
日常購物消費、手機預付卡儲值、買車票、訂機票、繳水電燃煤費等，只要手機在手就可以一指搞定。

國際消費
可直接在線上與海外商家進行交易，或出國旅遊消費時使用行動支付進行付款，不需要支付外幣兌換手續費或攜帶雙幣信用卡。

▋ 其他功能服務

公益教育
繳納學費、愛心捐款、助學金貸款還款等。

旅行票務
訂機票、訂火車票、訂飯店、海外旅遊等。

娛樂網購
淘寶網購、遊戲點數儲值、
買彩券、買電影票等。

融資理財
貸款、信用卡繳款等。

🎁 關於 QQ 錢包

　　QQ 錢包是騰訊集團 QQ APP 中所提供的行動
支付功能，以綁定合作銀行的銀行卡為基礎，讓用
戶可以直接查詢交易紀錄和餘額，隨時隨地管理 Q
幣和銀行卡，也可以儲值 Q 幣、儲值手機預付卡、
支付計程車費用、收送紅包、叫外賣等，還提供城
市服務，方便用戶查詢當地的服務項目，輕鬆解決
各種生活瑣事。

　　除此之外，用戶可以使用 QQ 錢包的帳號啟動
財付通帳戶，藉此將 QQ 錢包與財付通連結成為共
通帳戶，讓用戶可以在 QQ 錢包直接使用財付通的
帳戶餘額，或是在財付通使用 QQ 錢包的信用卡，方便用戶運用資金。

QQ錢包官網 QR Code　　付款方式 QR Code

▍QQ 錢包的特色

手機錢包
電影票、火車票、網路購物、
遊戲儲值、公益捐款、QQ
VIP 會員開通等，皆可輕鬆
搞定付款事項。

社交支付
將行動支付與 QQ 社群做結
合，使 QQ 用戶可以享有更
多元的支付情境。

資金理財
除了可以使用銀行卡和 Q
幣外，也可以直接使用財付
通的帳戶餘額，進行收送紅
包、轉帳、信用卡繳款、股
市投資等資金流動，輕鬆管
理帳戶資金。

城市服務
查詢公車到站時間、汽車保
養廠的服務據點、運動球場
的預約、市話繳費、線上問
診等，提供用戶查詢各地的
服務項目。

🎁 關於微信支付

　　微信支付是騰訊集團在微信（WeChat）即時通訊軟體中所提供的支付功能，基於微信在中國擁有廣大的用戶，使得微信支付已成為中國民眾普遍使用的行動支付工具之一。

　　微信支付以綁定合作銀行的銀行卡為基礎，為了提供用戶更便利的使用體驗，已與眾多網路和實體商店合作，包含綜合類商店、餐飲、網購、娛樂、旅遊等，也陸續推出各種功能，如帳戶儲值、轉帳、紅包等，並結合微信社交互動的功能，滿足用戶各種不同的支付情境。微信支付也因應用戶海外購物消費的需求，積極與海外商店合作，讓微信支付的應用拓展至國際。

微信官網 QR Code　　付款方式 QR Code

　　在台灣商家用戶可以藉由微信公眾號的功能，進行社群行銷，或是即時與顧客溝通協調，讓交易更加流暢且貼心；個人用戶則可以在合作商店購物消費，或是與親友互送紅包、聚餐分帳等，使用微信支付體驗高效的生活。

▌微信支付的特色

用手機快速付款
綁定合作銀行發行的銀行卡，在購物消費時，出示條碼給收銀員掃描，就可以輕鬆完成交易事項。

方便的社交支付
將紅包、找零、轉帳、付款等支付功能，結合微信社交互動的特性，給予用戶更貼近生活的交易模式。

智慧高效的生活
網路購物、手機預付卡儲值、支付計程車費用、信用卡繳款等生活開銷，只需要幾分鐘，就可以快速完成。

台灣的行動支付
Mobile payment of Taiwan

台灣的網路購物制度十分發達，很早就發展出面交、貨到付款、便利商店取貨付款、銀行／網路 ATM 轉帳，以及信用卡刷卡等各式各樣的支付方式，但台灣民眾至今仍舊習慣以現金、信用卡、電子票證等方式支付，再加上政策法規的影響，以致於行動支付在台灣尚未普及。然而，現今觀光旅遊與跨境交易活動越來越頻繁，也讓行動支付的重要性跟著提高。

目前行動支付在台灣如雨後春筍般相繼出現，提供支付平台服務有來自銀行、電信、電商、遊戲、通訊平台等不同類型的業者，不一定是專門操作第三方支付的業者，但不論是哪家業者提供的支付平台，台灣的行動支付除了以綁定信用卡結合掃描支付（掃描 QR Code 或出示付款條碼）的形式為主流外，更加速與實體商家的合作，從便利商店、小型商家、百貨商場、超市、捐款、繳停車費、搭乘大眾交通運輸工具等，拓展行動支付的應用情境。

台灣的行動支付有相當多樣的選擇，以下挑選七款台灣的行動支付APP，做簡單的介紹。（註：支付平台業者在台灣有兩種，一種是「第三方支付」依據經濟部的法規，不得儲值或轉帳；另一種是「電子支付」依據金管會的法規，持有電子支付專營執照，可以儲值或轉帳，等同於中國的第三方支付。）

🎁 關於 LINE Pay

　　LINE 是台灣民眾普遍使用的即時通訊軟體，為了讓用戶體驗更便利的生活，推出交易功能，讓用戶只需要有 LINE 就可以享受 LINE Pay 行動支付的服務。

　　LINE Pay 只要註冊帳戶並綁定合作銀行的信用卡後，即可與合作的網路或實體商店進行交易，並快速完成付款。除此之外，每次使用 LINE Pay 進行付款交易時都需要輸入付款密碼，若用戶有設定 LINE 的密碼鎖的習慣，就等同於擁有雙重密碼的保護，避免手機遺失時被盜用。

LINE 官方部落格
QR Code

　　LINE Pay 為了提升用戶行動購物的體驗，已經與數家網路商店合作，包含綜合類商家（如賣場）、旅遊、美妝、書店、捐款等，目前也在積極拓展，以提供用戶更多樣的生活應用，體驗行動支付帶來的便利性。（註：LINE Pay 合作商家詳情請至官方部落格搜尋「【LINE Pay】合作商家總覽」。）

▋LINE Pay 的特色

結合 LINE APP 使用

只需要安裝 LINE APP，以手機號碼註冊登入 LINE，即可進行 LINE Pay 的註冊開通和使用。

超商購物快速付

於合作的便利商店，出示付款 QR Code 給店員掃描，立即完成結帳。

一指付款集點趣

使用 LINE Pay 到合作商店消費，即可獲得 LINE Points，每1點可折抵現金1元。（註：集點詳情請至官方部落格查詢。）

禮品小舖輕鬆買

不需要前往其他網購平台，LINE Pay 就有專屬的網購平台供用戶購物消費，還能享有優惠，更可直接送禮給 LINE 的好友。

🎁 關於 t wallet+

由臺灣行動支付有限公司提供的行動支付平台（分別推出「t wallet 行動支付」和「t wallet+ 行動支付」兩款行動支付 APP），採用手機信用卡的支付模式，兩款行動支付 APP 皆可綁定多張信用卡（手機信用卡或行動金融卡），只要前往合作商店消費，透過臺灣行動支付匹配的感應式讀卡機，即可一嗶秒付。

「t wallet 行動支付」提供近場及遠端消費購物、轉帳、繳稅、餘額查詢、繳納水電費等服務，因為是採用 TSM 技術的手機信用卡，所以用戶須向電信業者申辦 NFC SIM 卡，或向銀行申辦「外掛式裝置 oti WAVE 嗶嗶熊」才能開通使用。而「t wallet+ 行動支付」採用 HCE 技術，讓用戶只須確認手機具備 NFC 功能晶片，就可以綁定合作銀行發行的特定信用卡，但目前只有 Android 版本提供下載。（註：臺灣行動支付兩款 APP 的使用詳情請至官網查詢。）

臺灣行動支付官網
QR Code

▍t wallet+ 的特色

多卡一拍即合

使用手機拍信用卡，就可以快速輸入卡號且綁定多張信用卡，往後出門消費時即可多卡隨身，自由選擇想用的信用卡。（註：合作銀行及適用的卡片類型請至官網或 APP 查詢。）

手機一嗶秒付

不論是餐飲消費、百貨商場、零售商店、搭計程車等，只要是合作的特約商店，開啟 t wallet+，選定信用卡，即可在商家的感應式讀卡機感應，嗶一聲立即付款。（註：特約商店名單請至官網查詢。）

🎁 關於歐付寶 allPay

　　歐付寶電子支付有限公司（歐付寶 allPay）專注於解決網路購物的各種疑難雜症，也是台灣目前持有電子支付執照的公司之一。

　　歐付寶 allPay 可以綁定全台各家銀行發行的信用卡，也因為擁有電子支付執照，所以可以用刷卡方式付款，以及網路 ATM、超商代碼繳費、歐付寶帳戶餘額、財付通等方式進行付款，同時也提供帳戶管理的功能，讓用戶輕鬆運用資金，提升行動支付的便利性。

歐付寶 allPay 官網
QR Code

　　目前歐付寶 allPay 已經與多家網路和實體商店合作，包含市場攤販、各類餐廳、便利商店、計程車等，也提供部分地區路邊停車費的繳費服務，以及電玩、音樂、講座等直播頻道主收款的服務，讓用戶享有便利的行動生活。（註：歐付寶 allPay 合作商家詳情請至官網或 APP 查詢。）

▌歐付寶 allPay 的特色

超商秒付
於合作的便利商店，出示付款條碼，即可快速完成結帳。（註：超商行動支付的信用卡目前僅有「永豐、玉山、新光、台新、遠東、凱基、聯邦、國泰」。）

行動錢包
餐飲消費、夜市小吃、百貨商場、零售商店、搭計程車、聚餐分帳等，提供各種支付情境的服務。

停車繳費
掃描停車帳單或直接查詢車號，即可使用行動支付完成繳費，還能綁定車號提醒用戶繳費。（註：目前僅有「台北市、新北市、基隆市、桃園市、竹北市、台中市、高雄市、花蓮市」提供該服務。）

便利付
攤販小吃、各類餐廳商家若設定歐付寶 allPay 會員專屬的收款 QR Code，即可依桌次、分店輕鬆管理帳務，消費者也可以直接掃描 QR Code，快速完成付款。

其他功能服務

電子發票
發票無紙化，可以直接使用 APP 查詢，節省時間又環保。

網路 ATM
歐付寶與多家銀行合作，省下跨行轉帳的手續費。

超商代收付
前往與歐付寶合作的便利商店，可享有代收付服務，方便付款繳費。

直播主收款
直播頻道主播只須設定一個連結，就可以立即收款。

🎁 關於 GOMAJI Pay

GOMAJI Pay 是由 GOMAJI 推出的行動支付平台，基於 GOMAJI 以團購起家，致力於幫助商家網路行銷，因此 GOMAJI 將服務平台定位成吃喝玩樂平台，提供個人用戶和商家用戶更貼近需求的服務內容。

GOMAJI Pay 與大小型餐飲業者合作，提供在地美食地圖，方便用戶尋找附近的餐廳及查看餐廳的評價、線上叫外送等。除此之外，在結帳時，只須出示 GOMAJI Pay 的付款條碼，並在商家的 GOMAJI Pay 掃描器一掃，或是掃描商家的 QR Code，即可快速付款，還可以享有特約餐廳的優惠折扣，讓手機成為美食會員卡。

GOMAJI Pay
官網 QR Code

GOMAJI Pay 的特色

便利
在特約商店付費只要出示付款條碼，商家掃描即付，費用直接併入信用卡帳單。

省錢
只要使用 GOMAJI Pay 前往特約餐廳消費，就能享有優惠方案。

好找
出門在外、約會聚餐等活動，只要使用 GOMAJI Pay 就能輕鬆搜尋在地美食，還有內建地圖與導航功能，不怕迷路找不到地方。

🎁 關於 Pi 行動錢包

Pi 行動錢包是 PChomeOnline 網路家庭旗下拍付國際資訊股份有限公司所推出的行動支付平台，除了以掃描條碼或代碼收付款外，Pi 行動錢包還首創「手機號碼交易」，用戶只須知道對方的手機號碼，就可以進行個人的小額支付交易，輕鬆完成交易。

基於台灣民眾與便利商店密不可分的生活情境，Pi 行動錢包選擇從民眾熟悉的便利商店打入行動支付的市場，幾乎與全台各地的便利商店合作，只要事先將 Pi 行動錢包綁定合作銀行的信用卡，在結帳時掃描商家條碼，就可以快速完成交易，不用連接網路也能完成交易。

Pi 行動錢包官網
QR Code

目前 Pi 行動錢包除了可以用於網路或實體收付款項外，也可用於繳納部分地區的路邊停車費，提供用戶多樣的服務。

▎Pi 行動錢包的特色

超商快速結帳
到合作的便利商店購物消費時，掃描商家條碼就能快速完成結帳。

手機線上點餐
提供搜尋附近合作餐飲商家的名單，及線上訂餐的服務，完成交易後，即可到現場外帶，或是等外送送達。

路邊停車繳費
可以快速查詢路邊停車收費的單據，還能綁定車號提醒繳費，不怕忘記繳費或弄丟單據。

溝通沒有距離
Pi 行動錢包加入即時通訊的功能，除了能與親友聊天，也方便個人與商家在交易過程中可以即時溝通，提高交易品質，輕鬆完成交易。

▎其他功能服務

小額收付款
只要知道手機號碼，即可進行單筆上限一千元的收付款交易。

保險繳費
提供富邦人壽產險保險的繳費功能，只需要掃描帳單條碼，就可完成繳費。

醫院繳費

Pi 行動錢包與桃園市敏盛綜合醫院合作,可以用行動支付完成批價繳費。

手機借書證

將臺北市立圖書館的借書證輸入至 Pi 行動錢包中,就可用手機借還書。

 關於街口支付

　　街口網絡股份有限公司所開發的行動支付平台,目標用行動支付打造全新的生活方式,目前已與西門、永康、晴光、公館、天母及貓空等六大商圈的數家實體商家簽訂合作,包含餐飲、美容舒壓、寵物、購物、娛樂、超商、超市等,也提供用戶線上點餐的功能、計程車叫車和手機掃描付款等服務,為用戶提供更多元的支付情境,享受更便利的行動生活體驗。

街口支付官網 QR Code

▌街口支付的特色

手機快付

便利商店、超市、餐廳、百貨與計程車等,出示付款條碼或掃描付款,即可快速完成結帳。

街口幣

刷信用卡集紅利點數外,使用街口行動支付消費,可再享有街口幣的回饋金。（註:街口幣詳情請至官網或 APP 查詢。）

生活地圖

可以搜尋附近的合作商家,也可以立即知道相關優惠信息,還提供收藏商家資訊和儲存優惠券的功能。

線上點餐

不需要排隊點餐,使用街口支付可在線上搜尋合作商店的菜單,先選好餐點,並在線上直接付款,最後在約定的時間取餐即可。

🎁 關於 ezPay 台灣支付

台灣支付電子支付股份有限公司（ezPay 台灣支付）是藍新科技的子公司，藍新科技將母公司成熟的收款系統、作業流程及帳務撥款等金流服務，轉移至台灣支付公司，以提供用戶完整的支付服務。

ezPay 台灣支付是台灣目前持有電子支付執照的公司之一，配合相關法規的要求，提升交易環境的安全性，ezPay 台灣支付用戶必須通過實名認證，才可以使用行動支付的功能，體驗行動支付帶來的便捷性。

目前 ezPay 台灣支付已經可以綁定多張信用卡（張數依手機容量而定），並且陸續與各大連鎖商店合作，提供 ezPay 台灣支付用戶更多的服務與消費優惠。

ezPay 台灣支付官網
QR Code

▌ezPay 台灣支付的特色

掃描就能付
前往 ezPay 台灣支付的合作商店，只要掃描商家的 QR Code 或出示付款條碼，就可以快速完成交易。

交易好安全
每筆交易皆使用一次性的 QR Code，具有動態加密的安全機制，以保障用戶的權益，讓每筆交易不被盜用。

手機不怕丟
搭配登入密碼和個人化圖形鎖，雙重密碼防護，當手機遺失時，不需要擔心行動支付被輕易盜用。

國際的行動支付
Mobile payment of International

以往出國旅遊，需要事前準備消費時支付的工具。對於小資旅遊者來說，可能會因為貨幣匯率而煩惱，或是沒有時間前往銀行兌換，而選擇信用卡支付，但也可能會因為不知道當地的商店是否適用，而需要考慮攜帶哪幾張信用卡。這些煩惱在使用國際的行動支付時都能輕鬆解決，只需要事先將多張信用卡輸入至支付平台手機 APP 中，到當地消費時，就可以在合作的商店，自由選擇合適的信用卡，通過匹配的感應式讀卡機，即可快速完成交易，解決跨境消費的煩惱。

目前有 Apple Pay、Andriod Pay、Samsung Pay 等，由各家智慧型手機廠商提供的支付平台，以手機信用卡的支付模式，將用戶的信用卡資料嚴密保存在平台的資料庫中，在進行交易時，藉由手機中的 NFC 功能晶片隨機產生一次性的支付代碼，取代信用卡既有的後三碼，並且透過匹配的感應式讀卡機，以及指紋辨識，才可完成交易。多重安全技術的把關，僅僅只須幾分鐘，用戶即可享有行動支付帶來的方便、快速和安全的生活體驗。

以下將簡單介紹 PayPal 和 Apple Pay 這兩款行動支付。

🎁 關於 PayPal

PayPal 是 eBay 旗下的跨國第三方支付公司,讓用戶只需要通過電子信箱認證,就可以綁定信用卡,享有安全、簡單、便捷的貨款支付服務。

目前 PayPal 已是使用最為廣泛、遍布全球各地的線上交易工具,如今 PayPal 不只是提供網路購物平台的交易服務,也推出手機 APP 並陸續與實體商店合作,發展出國際級的行動支付。

PayPal官網 QR Code

然而 PayPal 因應台灣相關法規規範,當消費者與商家皆為台灣註冊的 PayPal 帳戶的時候,將不能透過 PayPal 支付平台處理收付款事項,但仍可以使用台灣 PayPal 帳戶與國外 PayPal 帳戶在網站上進行跨境交易,享受 PayPal 支付平台的服務。(註:目前台灣地區的 PayPal APP 並不提供下載使用。)

▌PayPal 的特色

電子信箱即可使用
只須提供電子信箱並設定帳戶密碼,通過帳戶認證,即可享受 PayPal 的服務。

安全保密防範詐騙
PayPal 以先進的安全技術及嚴密的監控管理,保障用戶的每筆交易資料不被盜用。

輕鬆管理資金帳戶
只須幾分鐘,即可完成跨境交易事項,並且輕鬆管理所有付款、收款和消費方式,以及查詢詳細的交易紀錄。

交易活動盡在掌控
不論是使用 PayPal 帳戶餘額支付,或是使用綁定的信用卡付款,PayPal 都會立即通知用戶,讓用戶隨時隨地掌控 PayPal 帳戶的交易情況。

🎁 關於 Apple Pay

Apple Pay 是 Apple 手機廠商開發的行動支付功能，讓用戶不需要建立帳戶或登入其他 APP，即可在 Apple 的行動裝置（iPhone、iPad 和 Apple Watch）或 Mac 電腦系統中，使用綁定的信用卡或金融卡，就能支付網路購物或實體消費的款項。

在網路交易的過程中，只須輕觸 Touch ID，系統便會立即確認使用者的身分，避免被盜用，以提供安全又隱密的交易方式。而在實體商店購物時，同樣也只需要輕觸 Touch ID，並將行動裝置靠近感應式讀卡機，即可簡單又快速完成結帳。

Apple Pay 官網 QR Code

目前 Apple Pay 可在中國、日本、美國、英國、法國、西班牙等國家使用，而台灣也已上市，只要 Apple 行動裝置是 iPhone SE、iPhone6（含）以上、iPad mini3（含）以上、iPad Air2、iPad Pro（12.9 吋和 9.7 吋）等型號，就可以更新 iOS 系統，體驗 Apple Pay 為生活帶來的便利性。

▌Apple Pay 的特色

無須帳號

Apple Pay 為 iOS 系統的支付功能，因此無須下載安裝 APP，也無須註冊帳戶，即可使用 Apple ID 體驗行動支付的功能。

指紋辨識

透過輕觸 Touch ID 指紋辨識的技術，讓用戶可以不用擔心在公共場所被旁人窺見付款密碼，或是手機遺失時被輕易盜用。

嗶卡即付

採用手機信用卡的形式，在實體交易過程中，只需要將行動裝置靠近匹配的感應式讀卡機，就可以快速完成交易。

安全保障

使用 Apple Pay 無須出示信用卡，也無須簽帳單，只須將行動裝置靠近讀卡機，信用卡資料不會輕易外洩露，交易更安全。

開通中國的
行動支付

Activating mobile payment of China

事前準備
Prepare

在中國人口數眾多與智慧型手機普及率過半的條件下，支付平台不斷創新並拓展手機 APP 的支付情境，讓用戶不只可以應用在購物交易上，連生活中的大小事都能協助處理，因此逐漸改變中國民眾的消費支付方式，以致在中國人手一機使用行動支付已是種常態。

由於中國行動支付的蓬勃發展，陸續出現不法分子利用智慧型手機和支付平台的便利性，作為人頭帳戶洗錢，或是從事詐騙、散布不實訊息或恐嚇等活動，中國政府因此實施相關政策，他們要求使用者開通行動支付時必須先以身分證件、銀行卡和手機門號等資料完成身分驗證，才能使用行動支付，以此達到一人一帳號，並且針對不法行為者進行管制，以保障民眾的權益。

🎁 關於實名認證

　　中國政府因應行動支付發展而實施的新政策，對中國民眾最有感的影響就屬「實名認證」，使用手機門號和支付平台時都須經過實名認證，才可繼續使用，也連帶影響支付寶和微信支付等中國行動支付的使用條件，但為了享受行動支付的暢通無阻，以及安全無慮的交易保障，值得花點功夫完成實名認證。

提高安全性
1. 一人一帳戶，嚴格把關，防範不法情事。
2. 不必代充、代買、代付，避免資金有去無回。
3. 綁定中國銀行卡和門號，系統立即回報每筆交易訊息。

提升使用權限
1. 通過實名認證，行動支付立即解凍。
2. 提高支付額度，收付款項更方便。

🎁 申請實名認證前須準備的東西

　　依照中國新政策，以及各家服務業者的規定，若要通過實名認證，必須提供身分證件，其次是中國手機門號或中國銀行卡，以驗明正身，因此用戶只要備齊身分證件、手機門號和銀行卡等三樣資料，任何需要進行實名認證的環節，都可以輕鬆解決。以下以台灣民眾申辦為例。

 中國手機門號

 中國銀行卡

身分證件
台灣居民來往大陸通行證（以下簡稱台胞證，含紙本與卡式台胞證）、護照及中華民國身分證（以備需要核實第二證件）。

▍申辦台胞證

　　中國與台灣一樣，只要是申辦各種重要文件、證件等，如手機門號、銀行開戶或辦信用卡等，都需要身分證件以證明確有其人。而依照中國政府規定，台灣用戶證明身分的文件為台胞證（台灣居民來往大陸通行證）。現在台胞證已全面更新為電子卡式台胞證（簡稱卡式台胞證，又稱台胞卡），而紙本台胞證已停止受理，但只要紙本台胞證未過期仍可以使用。（註：一次性台胞證，又稱落地簽，其編號為流水號，只有三個月的效期，不適用於實名認證。）

◉ 台胞證申辦方法

　　目前中國境外只授權香港和澳門的中國旅行社辦理，台灣地區尚未有任何官方授權的代辦單位，因此若需要辦理台胞證的相關事宜，在中國境外的辦理方法有三種：

1. 委託台灣旅行社代為送件至香港或澳門中國旅行社辦理。

2. 親自前往香港或澳門的中國旅行社辦理。

3. 親自前往中國駐外使領館，中國外交部駐香港（或澳門）特別行政區特派員公署申請辦理。

◎申辦流程

準備資料　　　　填寫申請表　　　　送件辦理　　　　申辦成功

◉ 電子卡式台胞證

　　台胞證申辦完成後，將會取得電子卡式台胞證，簡稱卡式台胞證或台胞卡（如下圖一）。

圖一・卡式台胞證。

◉ 事前的必備資料

不論是在台灣或香港或澳門的申辦台胞證，以下所列項目為必備資料。

CHECK	資料	說明
☐	台胞證申請表	「台灣居民來往大陸通行證申請表」（簡稱台胞證申請表）。（註：中台港澳各地區的申請表格式略有不同，必須以申辦處的為準。）
☐	護照影本	必須有六個月以上的有效期限。（註：首次申辦台胞證，必須攜帶護照正本，以備查驗。）
☐	中華民國身分證影本	未滿 14 歲的孩童或未領身分證者，必須附上三個月內的戶籍謄本。
☐	二吋彩色白底證件照	同申辦護照的照片格式（六個月內拍攝的彩色白底照片，五官清晰、髮勾耳後、不露齒、不遮眉等），並且不可以穿著白色上衣。（註：卡式台胞證的照片審核較過去嚴格，請務必確認是否符合規定，也記得先在背面寫上姓名，避免因照片脫落而遺失。）
☐	紙本台胞證影本	若有未過期的紙本台胞證必須附上影本，以更換卡式台胞證。
☐	戶籍謄本正本	若有更名或更改個人身分資料，必須附上三個月內的戶籍謄本。（註：戶籍謄本的記事欄，必須註明事由。）
☐	其他文件 1：換卡說明書（非必備）	若有未過期的卡式台胞證要辦理更換，必須附上換卡說明書，說明換卡原因，並簽名註記申辦日期。
☐	其他文件 2：出入境證明單（非必備）	因紙本台胞證沒有中國出境章，所以必須附上中國的離境證明或下站國家的入境證明（如香港入境單、台灣護照資料頁與台灣入境章影本或下站國家的入境章影本）。（註：若選擇到香港或澳門申辦台胞證，此項文件建議備妥。若選擇在台灣申辦台胞證，則依各家旅行社的規定。）

（註：各項證件影本，只接受實際大小的影印本或掃描檔，且不可有任何書寫痕跡。）

◉ 填寫「台胞證申請表」

　　以下示範的台胞證申請表為台灣地區目前使用的格式，可以到各家旅行社官方網站下載，或是到服務據點取得。（註：中台港澳各地區的申請表格式略有不同，請先選定申辦地點，並索取申辦處使用的申請表，再完成填寫。）

I　　初次申辦台胞證者勾選「首次」。（註：若台胞證「遺失」必須提交警察機構的報失證明文件；「更改資料」必須提交戶籍謄本，並且註明事由；「換領」必須提交換卡說明書。）

II　　填寫中英文姓名，以台灣身分證和旅行證件（護照）為準。

III　　填寫基本資料，必須特別注意以下項目：
- ・出生日期：以西元格式填寫。（註：民國年份只適用於台灣地區，因此在填寫海外地區的資料時，必須以西元格式。民國年份＋1911 ＝西元年份。）
- ・身分證號：填寫台灣身分證字號。
- ・原通行證號：首次申請不需要填寫，若是有紙本台胞證，才需要填寫。
- ・出生地：填寫省、自治區、直轄市的名稱，若在國外出生只需要填寫國家名稱。
- ・工作單位及職務：依個人情況填寫。

IV　　填寫台灣居住地址和聯絡電話。

V　　黏貼二吋證件照。（註：六個月內拍攝的二吋彩色白底照片，相片中的上衣不得為白色。）

VI　　先將身分證依實際大小影印正反面，剪裁至適當大小，並保持證件影本完整無缺後，再黏貼於申請表。（註：如有更名或個人資料有更改，必須附上三個月內戶籍謄本正本。）

VII　　先將護照依實際大小影印資料頁，剪裁至適當大小，並保持證件影本完整無缺後，再黏貼於申請表。（註：如有未過期的紙本台胞證，必須影印剪裁至適當大小，黏貼於護照影本旁邊。）

VIII　　申請人簽名，並註記申請日期（如 20170125）。（註：未滿 16 歲者，監護人必須於下方簽名，並附上監護人的身分證正反面影本。）

台灣居民來往大陸通行證申請表

辦證原因: □首次 □換領 □損壞 □遺失 □更改資料 □其他	I

姓名(中文)　　　　　　　　　(外文)	II

<table>
<tr><td colspan="2">性別:□ 男□ 女</td><td>出生日期:　年　月　日</td><td>曾用名:</td><td rowspan="2">III

請貼二吋近照

V</td></tr>
<tr><td>身份證號</td><td></td><td></td><td>出生地:</td></tr>
<tr><td>原通行證號</td><td></td><td></td><td></td></tr>
</table>

身份證號											出生地:
原通行證號											

工作單位及職務:	職業:

台灣住址:	聯繫電話(□台□港□澳□大陸):	IV

VI

身份證副本正面

身份證副本背面

VII

台灣旅行證件副本正面

備註欄(辦證單位使用):

申請人簽名:＿＿＿＿＿＿＿＿＿＿	VIII

注:(1)應逐項如實填寫(不得以蓋章替代)并由本人簽名; (2)請使用公元紀年; (3)請在適當的方格內填(✓)

▌申辦中國手機門號

　　中國實名認證的政策使想申辦中國手機門號的用戶必須經過實名認證，才可開通使用，因此台灣民眾要先有台胞證，才能申辦中國手機門號。而申辦中國銀行卡時，必須填寫中國手機門號（開頭為 1，共 11 個號碼），銀行行員會現場撥打電話進行驗證。由此可知，完成台胞證申辦後，接著就是要申辦中國手機門號，台灣民眾有兩種方法可以選擇：

　　1. 在台灣申辦中國門號

　　2. 到中國申辦中國門號

　　以下提供兩者的比較，可依照個人需求，選擇適合自己的辦理方法。（註：非電信業者所提供的中國門號都是已通過實名認證，用戶身分已綁定申辦人，買家會有使用安全的風險。若想變更用戶身分，必須要原申辦人在場簽屬變更同意書才行。）

◉ 中台辦理的比較

	在台灣辦理	到中國辦理
適用對象	不常前往中國的人。	頻繁前往中國的人。
所需證件	雙證件（身分證和一般證件）、台胞證（因應中國實名制政策）。	紙本台胞證或卡式台胞證。
門號費用	以中華電信環球卡為例，基本月租費為 50 元，附香港門號，再加其他國家的固定門號，每個門號 25 元／月，總共新台幣 75 ／月起。若固定門號須實名認證，申辦時每個門號加收實名認證作業費 200 元。（註：2017 年 6 月 30 日前申辦免 450 元換卡費和設定費。）	若只用於實名認證，可選擇月租費最低的門號，每月花費 8 ～ 20 元人民幣不等。（註：請務必申辦一般月租型或一般預付卡型門號，並且確認在中國任何地區都能接收簡訊和接聽電話，否則將無法申辦中國銀行卡。）
開通方法	以中華電信環球卡為例，完成申辦手續後，必須經由中國移動審核台胞證等資料，3 ～ 7 天通過實名認證後，將會以簡訊傳送開通訊息，並且收到中國門號號碼。	依各家規定。以中國聯通儲值方案（預付費）為例，現場先進行實名認證，驗證身分證件後，就完成申辦手續，即可透過撥打電話、上網或發送簡訊完成開通。

中台辦理的優缺點

	在台灣辦理	到中國辦理
優點	1. 在台灣可以方便且快速辦理完成，不需要多花旅費又多花時間。 2. 若遇到問題可至服務據點解決。	到中國辦理門號，現場完成實名認證，不需要擔心電信方案將來會結束。
缺點	1. 只可辦理 3G／4G 月租型方案。 2. 更換電信業者時，中國手機門號將無法續用，會直接消失。	1. 不論選擇哪家電信，都必須到「營業廳」（類似台灣的直營門市）才可以申辦。 2. 若兩個月未使用或儲值，門號會被停用。 3. 若遇到問題可能需要前往中國解決。

Note

1. 依個人需求購買中國智慧型手機。若手機為雙 SIM 卡，切換使用即可。

2. 中國門號會因申辦地點，而有跨區（跨省分）的收費機制，一旦跨區，將會以漫遊方案計算通話和上網流量的費用。（註：在中國同一家業者的營業廳會因不同省分、不同城市和不同區，而有各自不同的方案和規定，請務必向服務人員詢問清楚。）

3. 請務必詳閱計費說明，否則可能會有不必要的支出。（註：以中華電信環球卡為例，若沒有向行員要求取消「未接來電語音」功能，當有未接電話時，系統功能會以來電捕手的方式通知，並且加收國際轉接費用。）

4. 使用中國各項服務時，經常需要通過簡訊驗證，請務必向行員確認門號不論在哪裡，都可收到來自中國的簡訊。

5. 中國聯通在香港有提供「跨境王 4G 香港號碼儲值卡」的方案，除了讓中國香港的門號可共用外，也可於台灣、澳門和日本等地使用，詳情可至中國聯通香港的官網查詢。

申辦中國手機門號的辦法

不論選擇在台灣辦理,還是飛往中國辦理,都有事前必須備妥的資料,以及申辦過程中必須特別留意的事項,以避免事後再跑一趟,或是被拒絕受理。

接下來,將會說明申辦的基本流程和相關的注意事項,以提升申辦門號的效率和成功率。

◉ 在台灣辦理

環球卡官網 QR Code

因為中國電信業的相關法規規範,所以目前台灣只有中華電信獨家代辦的 Sim2Travel 環球卡提供申辦中國地區的固定門號的服務。

◎ 申辦流程

行前準備

1. 中華電信 3G／4G 月租型門號
2. 雙證件
3. 台胞證

臨櫃申辦

1. 填寫申請表單
2. 告知需要中國固定門號
3. 確認資費方案與使用方法

申辦完成

1. 等待開通簡訊
2. 系統告知門號
3. 試撥中國門號

Step 01	行前準備

環球卡只適用於中華電信 3G／4G 月租型門號,因此用戶的手機號碼若不是中華電信提供的門號,或是月租方案不是 3G／4G 月租型,就必須先成為中華電信 3G／4G 月租型的用戶,才可進行環球卡的申請辦理。

申辦中國手機號碼,除了需要中華電信 3G／4G 月租型門號外,還需要準備雙證件、台胞證。

申辦地點	中華電信直營門市
申辦條件	中華電信 3G／4G 月租型用戶
主要證件	中華民國身分證
次要證件	健保卡、駕照或護照(擇一)
實名認證	台胞證

　　前往中華電信直營門市臨櫃申辦時，須告知服務人員要申辦環球卡，此時將會取得申請表，申請表上的紅色區域為必填項目，請務必詳細填寫確認無誤，並向現場服務人員瞭解資費方案，以及環球卡的使用方法。（註：現場請教使用方法時，也要記得向服務人員索取「使用手冊」，避免疏忽操作時的注意事項。）

　　以下示範申辦中國門號的必填項目，若填寫過程中有任何疑慮，可以直接詢問服務人員。

I　　・ 客戶名稱：填寫申辦人的姓名，此申辦人必須是中華電信 3G ／ 4G 月租型門號的用戶。

　　・ 統一編號：公司行號申辦時，須填寫統一編號。（註：申辦時，須附上公司執照與營利事業登記或其他證明文件。）

　　・ 負　責　人：以團體或公司名義申辦時，須填寫負責人姓名。（註：申辦時，須附上負責人的身分證明文件，如身分證、第二證件、台胞證等。）

　　・ 身分證號：填寫申辦人的身分證字號。

　　・ 連絡電話：填寫常用的手機門號，以接收環球卡開通的簡訊或相關通知訊息。

　　・ 出生日期：可以使用民國格式或西元格式填寫出生年月日。

　　・ 戶籍地址：戶籍地址若是與現居地住址不同，必須填寫戶籍謄本或身分證上的地址。

　　・ 帳單地址：填寫帳單寄送的地址。若帳單寄送的地址與戶籍地址相同，可以直接勾選「同戶籍址」。（註：若帳單逾期未繳費，門號將會暫停服務。）

　　・ 次要證件：勾選提供的第二證件類型，並填寫證件編號。（註：假設第二證件是健保卡，勾選「健保」，填寫健保卡編號 0000013xxxxx。）

　　・ E-Mail：填寫電子信箱，以接收環球卡相關通知的信件。

II　　租用人即是使用者，可以直接勾選「同租用人」。若此門號不是租用人使用，可以依個人需求，決定是否要填寫使用者的姓名、身分證號和出生年月日。

III　　申辦中國銀行卡或開通中國行動支付等，需要中國固定門號，因此勾選中國門號的「租」。（註：環球卡以香港為基本門號，每開通一個國家的固定門號，就必須加收月租費 25 元。若門號還須進行實名認證，每個門號須加收實名認證作業費 200 元。）

IV　　華人上網包可依個人需求勾選。以「大陸＋香港」為例，月租費 999 元，每月 2GB，當月累計達 2GB 時，將會降低上網速度，直至下個月 1 日才恢復網速，適合長期往返大陸和香港地區的用戶。（註：環球卡有基本上網功能，採日租收費，依各地區的費率計算費用。以中國地區為例，日租費率 0.010NTD/KB，每日上限 388 元。）

V　　若前往臨櫃辦理的人為代辦人，委託人必須事前填寫委託書內容，並附上身分證、第二證件、台胞證等文件。

VI　　填寫申辦人的中華電信 3G ／ 4G 月租型門號，環球卡的費用將會併入此門號的帳單中。

VII　　確認資料填寫無誤後，在此欄位上簽上申請人的姓名。

　　在中華電信臨櫃完成環球卡的申辦事項後，系統將會在一個小時內，以簡訊通知開通成功，並告知環球卡的基本門號（香港固定門號）的號碼，若有申請其他國家的固定門號，也會陸續收到其他國家固定門號的號碼簡訊。

　　然而，申辦中國手機門號必須先完成實名認證，才可以開通使用，因此申辦環球卡的中國固定門號時，需要等待 3 ～ 7 天，讓中國移動審核申辦資料，以通過實名認證。當通過實名認證，系統會以簡訊告知中國固定門號的號碼，此時就可以試撥中國門號，確認門號是否開通成功。（註：使用中國各項服務時，經常需要通過簡訊驗證，因此請務必確認門號不論在哪，都可以收到來自中國的簡訊；回台後，對方若以中國或香港門號來電時，需要支付「回國轉接費」，因此建議回台後，向客服人員申辦「關閉國際轉接功能」，並且告知對方撥打台灣門號，即可省下額外的開銷。）

◎ 到中國辦理

　　到中國申辦手機門號，不論選擇哪一家電信服務業者所提供的方案，都必須到「營業廳」（類似台灣的直營門市、服務中心）才能申辦手機門號。

◎申辦流程

行前準備	臨櫃申辦	申辦完成
1. 電信業營業廳	1. 填寫申請表單	1. 開通手機門號
2. 台胞證	2. 確認資費方案	2. 試撥手機門號
3. 中國通訊地址	3. 詢問重要事項	3. 下載營業廳 APP

CHECK	資料	說明
☐	台胞證、護照及中華民國身分證	須提供台胞證號碼，以驗證身分。若需要核實第二證件，可以出示護照或中華民國身分證。
☐	中國通訊地址	須提供中國地址，非中國民眾可提供營業廳附近的飯店地址。（註：由於規定要求的是常住地，因此請勿讓服務人員知道地址是暫居地，且若是提供的地址離申辦處太遠，服務人員將會進行查證，為避免被拒絕受理請特別留意。）

　　建議在一般上班時間前往中國電信業的營業廳，並且選擇暫居地址附近的營業廳，一是利於營業廳向中心驗證台胞證，二是利於審核通訊地址（非中國民眾可以填寫飯店地址），結合以上兩項將能提升申辦的成功率。

　　在臨櫃申辦手機門號時，不需要填寫申請表，只需要提供台胞證（紙本或卡式台胞證），以及告知服務人員中國通訊地址，即可完成門號的申辦流程，但有幾項事情必須留意，如詢問資費方案、取消廣告簡訊、回國後是否能接收中國簡訊等，必須在臨櫃申辦時處理，以避免日後要再多跑一趟。（註：由於中國電信業的營業廳即便是同一家電信，也會因為不同地方，對於官方網站上提供的資費方案會有各自的解釋，因此必須詢問清楚該營業廳的資費方案及相關規定，以免再跑一趟或產生不必要的爭議。）

(?) 必問事項

1. **取消廣告簡訊**：部分資費方案是採雙方付費機制，因此收到廣告簡訊也必須付費，為避免不必要開銷，建議向服務人員要求取消廣告簡訊。

2. **開啟跨區通話**：中國門號若要在申辦地以外的地區使用，必須向服務人員要求開通跨區域（跨省分、跨國）的通話服務。（註：跨區通話的費用通常會以漫遊計費，實際收費方式須詢問服務人員。）

3. **開通國際漫遊**：使用中國行動支付，或進行電話費繳費、儲值轉帳等，經常需要接收簡訊，因此請務必向服務人員開通國際漫遊的服務，並確認回到台灣後，仍可以收到來自中國的簡訊。

4. **繳款儲值方式**：中國手機門號的繳款和儲值的方式基本有三種，一是到營業廳，二是使用營業廳的 APP，三是使用支付平台 APP（如微信）。詳細辦法依各家營業廳的規定為主，建議先向服務人員詢問清楚，再選擇合適的方式。

　　中國門號的開通方式依各家營業廳規定為主。以中國聯通儲值方案（預付費）為例，當填寫完申請表，服務人員會現場進行實名認證，會先驗證身分證件，並在通過驗證後，將此門號綁定申辦者，申辦者會現場取得門號 SIM 卡，此時即可透過撥通電話、上網或發送簡訊完成開通。（註：各家電信業雖然有提供官方版 APP，但為了配合各家營業廳的服務事項，建議下載營業廳 APP，如浙江移動手機營業廳 APP，就可隨時查詢通話量、上網流量和帳單等，甚至能享有直接線上繳費或儲值等功能。）

▌申辦中國銀行卡

　　擁有台胞證和中國手機門號後，就可以前往中國銀行申辦銀行卡，但須特別留意的是，並非所有銀行卡都能用於支付寶、微信支付等行動支付的實名認證，建議先到各家支付平台的官網查詢合作銀行，或是現場先詢問行員，再進行申辦，避免申辦到無法進行實名認證的銀行卡。

◎申辦流程

準備資料　　　　　臨櫃申辦　　　　　實名認證　　　　　申辦完成

◎事前的必備資料

CHECK	資料	說明
☐	台胞證、護照及中華民國身分證	必須填寫台胞證號碼，若銀行需要核實第二證件，可以出示護照或中華民國身分證。（註：建議使用有六個月以上效期的卡式台胞證，以避免被拒絕申辦，也避免過期後，部分銀行會要求申辦人到場辦理新舊證資料更新。）
☐	中國手機門號	依各家銀行分行的規定，驗證手機門號的方法基本有兩種： 1. 現場直接撥打登記的手機號碼。 2. 傳送簡訊驗證碼以進行確認。 （註：中國手機門號須不離身，並且熟記號碼，若在驗證時非本人持有，或是他人接聽電話和接收簡訊，就會被拒絕受理。）
☐	中國通訊地址	必須提供中國地址，非中國民眾可以提供飯店地址。（註：由於規定要求的是常住地，因此請勿讓行員知道地址是飯店，以避免被拒絕受理。）

　　（註：部分銀行主管可能會要求出示「工作證明」或「公安單位核定的實際居住證明」等資料，以此拒絕受理非中國民眾申辦中國銀行卡，因此建議先上網查詢哪些中國銀行適合台灣民眾申辦銀行卡，或是直接電話詢問欲申辦的中國銀行是否受理紙本或卡式台胞證，避免白跑一趟。）

◉ 臨櫃申辦

在臨櫃申辦時，先詢問行員紙本或卡式台胞證能否申辦銀行卡，確認台胞證可以申辦後，行員會詢問相關問題，如申辦的用途、交易金額的範圍、存款金額、跨行轉帳的額度等，因此申辦者在前往中國銀行前，建議先想好如何回答這些問題，以便順利完成申辦事項。（註：可先至銀行官網查詢或致電詢問申辦中國銀行卡的條件。）

(!) 基本問答題

Q：請問需要什麼服務？

A：申辦銀行卡可以使用台胞證嗎？（註：在進門時就詢問服務台，避免辦理途中因為銀行不接受台胞證而被拒絕。）

Q：為何需要辦理銀行卡？

A：①領工資；②批貨；③境外公司。（註：若回答用於儲蓄、投資、網路購物等，較容易被拒絕。）

◉ 注意事項

　　「銀行卡」是銀行各類型卡片的總稱，所以到中國申辦銀行卡時，建議申辦「儲蓄卡」又稱「金融卡」，因為「信用卡」必須提出財力證明和工作證明等文件資料，而信用卡的發卡審核制度較嚴格，所以不建議選擇申辦信用卡。而在臨櫃申辦時的開戶流程則依各家銀行規定有所不同，部分銀行已在官方網站上提供「預約開戶」的申請服務，申辦者可以藉此提高臨櫃申辦的效率。

　　在臨櫃申辦時，大部分的銀行已不需要填寫開戶申請表，但皆須提供台胞證、中國通訊地址和中國手機門號等資料，因此事前務必攜帶且熟記資料，避免申辦時中途被拒。除此之外，以下幾點事項也務必詢問行員，以保障個人權益，也避免事後再跑一趟。（註：申請者可以提供飯店地址作為中國通訊地址，但不能讓行員知道地址是飯店，而中國門號的手機也必須隨身攜帶，以便通過實名認證。）

? 必知事項

1. 開通手機銀行：可以使用銀行的手機 APP，進行收付款，以及管理帳戶資金。（註：建議在飯店就先下載 APP，避免銀行網路過慢，花費過長時間等待下載。）

2. 開通網路銀行：可以使用網路銀行系統進行收付款，以及管理帳戶資金。（註：使用網路銀行時，需要使用 U 盾，部分銀行的 U 盾需要付費購買，而 U 盾是用於確認使用者身分，並對交易資料進行加密保護的工具。）

3. 開通簡訊通知：每筆交易完成時，銀行會以簡訊告知資金流動的狀況，除了防止盜用，也方便客戶核對帳目。

4. 設定自動轉帳：可以用於儲值手機預付卡。（註：此手機預付卡必須是到中國申辦的手機門號。）

5. 每月的保管費：中國銀行會要求客戶每月必須有一定金額的交易或帳戶餘額，才能夠免除月費，若未達到標準，將會收取保管服務費。（註：實際的收費制度，依各家銀行分行的規定，請務必向行員詢問清楚。）

6. 存提款手續費：部分中國銀行依分行的規定，當客戶在同一地區的分行辦理存提款時，可能需要付手續費（如 A 分行帳戶在 A 分行存提款時，或是 A 分行帳戶到 B 分行存提款時），而跨區域（跨省分）在同一家銀行辦理存提款時，也可能需要付手續費。（註：實際的收費制度，依照各家銀行分行的規定，請務必向行員詢問清楚。）

7. 跨行轉帳費用：跨行轉帳的手續費，依照各家銀行分行的規定，請務必向行員詢問清楚。（註：使用行動支付進行資金運用時，是否需要付手續費，也可一併詢問行員。）

◉ 實名認證

申辦手續完成後，中國銀行需要進行實名認證，除了驗證台胞證，還需要驗證手機門號，手機門號的驗證方式依各家銀行分行規定，但基本可以分為兩種：

1. 現場直接撥打登記的手機號碼。

2. 傳送簡訊驗證碼以進行確認。

不論是哪一種驗證方式，到中國銀行申辦時，中國手機門號都不能離身，並且要熟記號碼，因為行員驗證手機門號時，一旦手機鈴響起時，發現手機持有人不是申辦者，一律不通過實名認證，也會立即拒絕受理。

◉ 取得銀行卡

完成中國銀行卡的申辦後，將會取得銀行卡（如下圖二），此時請務必現場試刷銀行卡，確認銀行卡的帳戶金額正確無誤，若金額有誤可立即向申辦的行員反應，若之後才發現有誤，處理程序較複雜且不便。（註：在中國銀行辦理存提款事項只需要提供銀行卡，因此沒有存摺簿。）

圖二‧中國銀行卡。

行動支付的開通方法
Activating mobile payment

當台胞證、中國手機門號和中國銀行卡等申請實名認證的必備資料都準備齊全後，就可以開始進行中國行動支付的開通。在開通的過程中，填寫手機號碼時，可以填寫台灣手機門號，也可以填寫中國手機門號，不論選擇哪一種方式，事前都必須確認中國手機門號可以接收來自中國的簡訊驗證碼，否則將無法順利完成註冊，也無法通過實名認證。

🎁 支付寶的開通辦法

支付寶是由螞蟻金融服務集團（簡稱螞蟻金服）所提供的第三方支付平台，在中國擁有廣大用戶，是中國民眾最常使用的行動支付工具之一。而非中國民眾，若想要開通支付寶，必須先要擁有支付寶的帳戶，且通過實名認證，完成這兩件事項後，就可以在淘寶網、天貓、當當等中國各大網購平台輕鬆付款，更可以在出國旅遊時，享受支付寶的支付服務。

Step 1 ｜ 註冊支付寶帳號		Step 2 ｜ 完成實名認證
方法 1　手機 APP 註冊		方法 1　手機 APP 認證
方法 2　官方網站註冊		方法 2　官方網站認證
方法 3　淘寶會員註冊		

註冊支付寶帳戶

支付寶是由阿里巴巴集團創辦，之後轉由螞蟻金服提供服務，因此支付寶除了透過手機 APP 和官網註冊之外，也可以使用淘寶網會員帳號開通支付寶的帳戶。

手機 APP 註冊

使用手機應用程式註冊支付寶帳戶時，只需要填寫手機號碼，通過簡訊驗證，以及設定登入密碼，就可以開始使用支付寶 APP。

Step 01　下載安裝支付寶

◎ iOS 手機

01
點選「App Store」。

02
點選右下方的「搜尋」。

03
❶ 在「搜尋」位置輸入「支付寶」。

❷ 點選「搜尋」，即會進入下載頁面。

04
點選「取得」，進行下一步。

05
點選「安裝」，等待下載安裝完成。

06
點選「開啟」，進入支付寶應用程式。

◎ Android 手機

01

點選「Play 商店」。

02

點選上方的搜尋列。

03

❶在「搜尋」位置輸入
　「支付寶錢包」。

❷點選「Q」進行搜尋。

04

點選「支付寶錢包」，
進入安裝頁面。

05

點選「安裝」。（註：
可以先閱讀頁面的介紹瞭
解支付寶的功能，再進行
下載安裝。）

06

點選「接受」，等待下
載安裝完成。

07

點選「開啟」，進入支
付寶應用程式。

01

進入「支付寶」APP 應用程式，系統提醒是否讓支付寶取用所在位置，可以依個人需求點選。

a. 點選「允許」，支付寶將會提供在地服務，如和台北合作的商店和優惠資訊、新台幣與人民幣的匯率換算等。

b. 點選「不允許」，支付寶將不會提供在地服務，用戶就不能查詢附近的合作商店和優惠資訊等。

02

系統提醒是否開啟支付寶的通知提示，可以依個人需求點選。

a. 點選「好」，可以立即得知支付寶的相關訊息，如優惠資訊、朋友聊天訊息的通知等。

b. 點選「不允許」，將不會收到支付寶的任何資訊通知。

Step 03 ＼ 註冊帳號密碼

01

❶已有支付寶帳號者，可以直接點選「登入」開始使用。

❷沒有支付寶帳號者，可以點選「新使用者註冊」，進行註冊。

02

❶ 點入「手機號歸屬地」，進入選擇頁面。

❷ 點選「台灣」。（註：若有中國門號可以直接輸入手機號碼。）

❸ 因為已有台灣國際區碼 886，所以輸入手機號碼時，須刪除開頭 0，共輸入 9 碼。（註：支付寶將以此手機號碼作為帳號：886-987xxxxx。若輸入的台灣手機號碼沒有刪除開頭 0，支付寶帳號則為 886-0987xxxxx。）

❹ 確認手機號碼無誤後，點選「註冊」。（註：因支付寶會寄送驗證碼至用戶填寫的手機號碼中，所以務必確認填寫無誤。）

03

輸入收到的簡訊驗證碼。

04

❶ 可以點選右方的眼睛圖示隱藏密碼，避免被人窺見。

❷ 設定登入密碼，為英數混合，至少六位字元。

❸ 確認無誤後，點選「確定」，支付寶註冊完成。

⊜ 官方網站註冊

　　透過官方網站註冊支付寶帳戶，可以一次將帳戶資料建立完成，如驗證手機號碼、設定登錄／支付密碼、建立身分訊息等，方便用戶在使用支付寶平台時，不需要填補當初註冊時未建立的資料。

| Step 01 \ 創建帳號 |

01　❶輸入支付寶官網網址：www.alipay.com。

　　　❷已有支付寶帳號者，可以直接點選「登錄」開始使用。

　　　❸沒有支付寶帳號者，可以點選「立即註冊」，進行註冊。

02　❶點選國籍／地區的選單。（註：若有中國門號可以直接輸入手機號碼。）

　　　❷畫面顯示選單，點選「台灣」，之後畫面會顯示台灣國際區碼 886。

　　　❸因為已有台灣國際區碼 886，輸入手機門號時，須刪除開頭 0，共輸入 9 碼。（註：支付寶將會以此手機號碼作為帳號，註冊後就不能再修改。）

　　　❹點選「獲取驗證碼」。

　　　❺輸入收到的簡訊驗證碼。

❻確認勾選「同意《支付寶協議》」。（註：系統預先完成勾選，若取消勾選表示不同意《支付寶協議》，將無法進行下一步。）

❼若想要瞭解《支付寶協議》內容，可以點入「《支付寶協議》」。

❽確認無誤後，點選「下一步」。（註：目前支付寶只提供中國用戶使用電子信箱註冊。）

Step 02　設定密碼

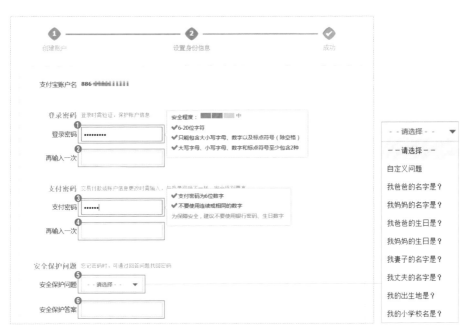

❶設定登錄密碼，為英數符號混合，至少六位字元。（註：可依提示設定密碼，以提高密碼的安全程度。）

❷再次輸入登錄密碼，系統以此確認用戶設定的密碼無誤。

❸設定支付密碼，為六位數字。（註：支付密碼將用於付款、轉帳或更改帳戶資料等，請務必熟記。）

❹再次輸入支付密碼，系統以此確認用戶設定的密碼無誤。

❺點選「安全保護問題」，畫面顯示選單，用戶選擇慣用的問題。

❻輸入安全問題的答案。（註：忘記密碼時，可以使用安全問題找回密碼，請務必記得問題的答案。）

01　❶輸入台胞證上的姓名。

　　❷點選性別。

　　❸點選「證件類型」，畫面顯示選單。

　　❹點選「台灣居民來往大陸通行證」（台胞證）。

　　❺輸入台胞證號碼，共 8 碼。（註：紙本台胞證 8 ～ 10 碼。）

　　❻點選「有效期」，畫面顯示小日曆。（註：台胞證為五年效期，因此不需要勾選長期。）

　　❼點選台胞證的有效日期。

　　❽點選「職業」，畫面顯示選單。

　　❾選擇合適的職業項目。

　　❿點選「聯絡地址」的省分、縣市和地區後，再輸入剩下的地址資料。

　　⓫確認無誤後，點選「確定」。

02　支付寶註冊成功。

◎淘寶會員註冊

　　此方法適合已經有淘寶帳號，但沒有創建支付寶帳號的人。一般來說，在註冊淘寶帳號時，都會同時創建支付寶帳號，除非在註冊的過程中，將「同步創建支付寶帳號」的選項取消才會沒創建，因此若沒有取消設定，其實已經完成支付寶的註冊。

Step 01	進入支付寶官方網站

01 ❶輸入支付寶官網網址：www.alipay.com。
　　　❷點選「登錄」。

02 ❶畫面顯示登入頁面。
　　　❷點選「淘寶會員登錄」，以淘寶會員開通支付寶帳戶。

03 進入淘寶網的登錄頁面，登錄方式有「手機掃碼登錄」或「密碼登錄」兩種可供選擇。

◎ 手機掃碼登錄

01 ❶頁面預設為「手機掃碼登錄」。

❷若以此方式登錄必須使用手機淘寶進行掃描，因此需要開啟「淘寶」的手機 APP。
（註：也可使用手機天貓進行掃描。）

02 進入淘寶 APP 應用程式，點選
左上角的「掃一掃」。（註：天
貓 APP 的操作方式與淘寶 APP 相
同。）

03 將掃描區域對準支付寶登錄頁面
的 QR Code。

04 ❶掃描成功後，網頁會顯示「掃描成功！請在手機上確認登錄」的訊息。

❷若想取消手機掃描登錄，可點選「返回二維碼登錄」。

05 手機淘寶 APP 會顯示 alipay 登錄確認的訊息，點選「確認登錄」，即完成手機掃描登錄。

06 網頁會自動進入「我的支付寶」頁面，支付寶註冊完成。

◎密碼登錄

01 點選右上角的電腦圖示，進行
「密碼登錄」。（註：登錄頁面
預設為「手機掃描登錄」。）

02 ❶登錄頁面切換成密碼登錄後，
須輸入淘寶會員的帳號。（註：
淘寶會員的帳號有會員名稱、
電子信箱或手機號碼三種選擇，
用戶可依當初註冊方式而定。）

❷輸入淘寶會員的密碼。

❸確認無誤後，點選「登錄」，
以密碼登錄完成。

03 網頁會自動進入「我的支付寶」頁面，支付寶註冊完成。

▍支付寶實名認證

　　支付寶 APP 內有各種功能服務，若要使用付款、帳戶轉帳或送紅包等功能，必須先通過實名認證才可以使用。台灣民眾只要有台胞證、中國銀行卡和中國手機門號，在手機 APP 或官方網站完成實名認證後，就可以使用支付寶的行動支付功能。

⊕ 手機 APP 的實名認證

　　進行實名認證前，除了準備台胞證、中國銀行卡和中國手機門號外，還需要事先確認中國手機門號是當初申辦中國銀行卡所填寫的號碼，並且確認手機可以接收來自中國的簡訊驗證碼。（註：先確認中國手機門號不會更改，再進行實名認證，因為一旦認證若要再更改須向客服人員提出申請，較為不便。）

Step 01	設定支付密碼

01
進入支付寶 APP，點選右下角的「我的」。

02
進入「我的」頁面後，點選右上角的「設置」。

03
在設置的頁面中，點選「帳戶與安全」。

04
點選「身分訊息」，進入實名認證的頁面。

05
確定要進行認證後，點選「立即認證」。（註：通過實名認證，可以提高收付款額度，也可以提升帳戶的安全性。）

06

❶由於以手機 APP 或淘
寶會員註冊時,尚未
設定支付密碼,所以
畫面顯示「帳戶訊息
不完整」。(註:以官
網註冊,或支付密碼已
設定者,此時會直接進
入「Step 2 驗證身分訊
息」的畫面。)

❷點選「點此補齊」,設
定支付密碼。

07

❶設定支付密碼,為六
位數字。(註:支付密
碼用於付款、轉帳或儲
值時,請務必熟記。)

❷確認無誤後,點選「完
成」。

08

❶再次輸入支付密碼,
系統以此確認用戶設
定的密碼無誤。

❷確認無誤後,點選「下
一步」。

| Step 02 | 驗證身分訊息 |

01

支付密碼完成設定後,點選「立即添加」,
進行銀行卡的驗證。

02

❶輸入中國銀行卡卡號。

❷確認無誤後,點選「下一步」。

03

❶ 輸入申辦銀行卡時填寫的姓名。（註：姓名必須是簡體字，輸入方法可以參考附錄「簡體中文輸入法的設定方法」P.250。）

❷ 若持卡人姓名更改過，可以點入「ⓘ」參考支付寶的建議。

❸ 點入「證件類型」，畫面顯示證件選項。

❹ 點選「台灣居民來往大陸通行證」（台胞證）。

❺ 點選「完成」。

❻ 輸入台胞證號碼，共8碼。（註：紙本台胞證8～10碼。）

❼ 輸入申辦銀行卡時所填寫的中國手機門號，開頭為1，共11碼。（註：須確認手機號碼能接收來自中國的簡訊，以及填寫號碼無誤，以免無法繼續進行實名認證。）

❽ 若忘記手機號碼或門號已停用，可以點入「ⓘ」參考支付寶的建議。

❾ 確認無誤後，點選「下一步」。

04

❶ 輸入收到的簡訊驗證碼。

❷ 確認無誤後，點選「下一步」。

05

畫面顯示「快捷支付開通成功」，點選「確定」，支付寶實名認證完成。

◉ 官方網站的實名認證

　　在進行實名認證前，必須準備台胞證、中國銀行卡和中國手機門號，並且確認中國手機門號是當時申辦中國銀行卡所填寫的號碼，以及確認手機可以接收到來自中國的簡訊驗證碼，避免中途因準備不全而失敗。（註：先確認中國手機門號不會更改，再進行實名認證，因為一旦認證若要再更改須向客服人員提出申請，較為不便。）

Step 01	登入支付寶

◎帳號密碼登錄

01 ❶輸入支付寶官網網址：www.alipay.com。
　　　❷點選「登錄」。

02 ❶畫面顯示登錄頁面，選擇以「帳號密碼登錄」。
　　　❷輸入支付寶登錄帳號。（註：帳號有手機號碼、淘寶
　　　　會員帳號兩種選擇，用戶可依註冊方式而定。）
　　　❸輸入支付寶登錄密碼。
　　　❹確認無誤後，點選「登錄」。

03 以帳號密碼登錄完成，網頁會自動進入「我的支付寶」頁面。

◎掃描登錄

01 ❶輸入支付寶官網網址：www.alipay.com。
　　❷點選「登錄」。

02　當頁面顯示以帳號密碼登錄時，
　　點選右上角的條碼圖示，切換成
　　「掃描登錄」。

03　頁面切換成「掃描登錄」後，須
　　用支付寶 APP 進行掃描。

04　進入支付寶 APP 後，點選「掃
　　一掃」。

05　將掃描區域對準支付寶網頁的登
　　錄 QR Code。

06 掃描成功後，在支付寶 APP 上點選「確認登錄」。

07 以掃描登錄完成，網頁會自動進入「我的支付寶」頁面。

Step 02 　進行實名認證

01 登錄支付寶後，網頁會自動進入「我的支付寶」頁面，點選「補充身分訊息」。

02　❶輸入中國銀行卡卡號。

　❷輸入申辦銀行卡時所填寫的姓名。（註：姓名必須是簡體字，可以使用網頁翻譯器，或參考附錄「簡體中文輸入法的設定方法」P.250。）

　❸點選證件的選單，畫面顯示證件選項。

　❹點選「台灣居民來往大陸通行證」（台胞證）。

　❺輸入台胞證號碼，共8碼。（註：紙本台胞證8～10碼。）

　❻輸入申辦銀行卡時所填寫的中國手機門號，開頭為1，共11碼。

　❼點選「獲取校驗碼」。

　❽輸入收到的簡訊驗證碼。

　❾確認無誤後，點選「下一步」。

03　❶上傳台胞證正面的圖檔。

　❷若不確定圖檔的內容，可以點選台胞證的示例做確認。

　❸上傳護照資料頁的圖檔。

　❹若不確定圖檔的內容，可以點選護照的示例做確認。

　❺確認無誤後，點選「確定提交」。（註：上傳的圖檔內容必須清晰且無缺損。）

04　系統顯示證件審核中，支付寶實名認證完成。（註：支付寶的審核結果可以在支付寶APP或官網的個人帳戶資訊中確認。）

🎁 微信支付的開通辦法

微信又可稱為 WeChat（國際版名稱），是中國民眾最常使用的即時通訊軟體之一，為了提升用戶使用情境，微信增加支付功能，讓消費者和商家可以透過微信即時溝通協調，快速完成交易，或是在社交活動時，輕鬆運用微信支付內的資金。

目前微信在中國已是民眾最常使用的行動支付工具之一，非中國門號的用戶若想使用微信支付，須先安裝 WeChat APP（國際版微信），再啟動「錢包」功能，完成實名認證後，即可體驗微信支付為生活帶來的便利性。（註：微信 APP 的名稱會依手機系統設定的國家或地區而定，在中國地區名為「微信」，在中國境外地區名為「WeChat」。）

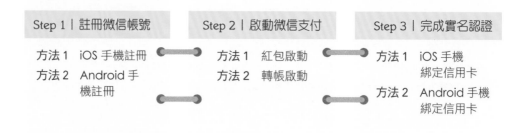

▌註冊微信支付帳戶

微信支付是微信內建的支付功能，因此要開通微信支付前，必須先註冊微信的帳號，而微信目前只提供以手機 APP 進行帳號註冊，暫時不提供以 QQ 帳號或其他方式進行註冊。

ⓘ iOS 手機註冊微信帳號

Step 01　　下載安裝微信

01
點選「App Store」。

02
點選右下方的「搜尋」。

03
❶在「搜尋」位置輸入
「微信」。
❷點選「搜尋」，即會
進入下載頁面。

04
點選「取得」，進行
下一步。（註：在中國
境外微信 APP 的名稱為
「WeChat」。）

05
❶點選「安裝」，系統顯示需要
輸入 Apple ID 的密碼。
❷輸入 Apple ID 密碼，並點選
「好」，等待下載完成。

06
點選「開啟」，進入 WeChat 應
用程式。

01

進入 WeChat APP 後，系統提醒是否開啟
WeChat 的通知提示，可依個人需求選擇。

a. 點選「好」，可以立即得知 WeChat
的相關訊息，如訂閱帳號的更新提醒、
朋友聊天的訊息通知等。

b. 如果點選「不允許」，將不會收到
WeChat 的任何訊息通知。

02

❶ 沒有微信帳號者，可以點選「註冊」，
進行帳號註冊。

❷ 若已有微信帳號者，可以直接點選「登
入」，開始使用。

03

❶ 確認國家／地區為「台灣」。（註：系
統預先設定為台灣，若有中國手機門號，
可點入「台灣」設定為「中國」。）

❷ 因為已有台灣國際區碼 886，輸入手機
號碼時，須刪除開頭 0，共輸入 9 碼。

❸ 確認無誤後，點選「註冊」。（註：微信
會以此手機號碼作為帳號，進入下一步驟
後，就不能再修改。）

04

完成手機號碼註冊後，系統提示是否傳送
驗證碼以驗證手機號碼，可以依個人需求
點選。

a. 點選「好」，將會收到簡訊驗證碼，並
進入下一步。

b. 點選「取消」，不會收到簡訊驗證碼，
也無法進入下一步。

05

❶ 輸入收到的簡訊驗證碼。

❷ 確認無誤後，點選「送出」。

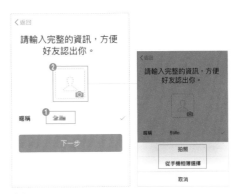

06

❶ 進入設定個人資訊的頁面，輸入暱稱，可以依個人喜好自由命名。

❷ 點入頭像，圖像來源有「拍照」或「從手機相簿選擇」兩種可供選擇。

Step 03　設定頭像圖案

◎拍照

01

選擇以拍照方式設定頭像圖案，點選「拍照」，進入手機拍攝模式。

02

❶ 可以依個人喜好決定拍攝內容，確定畫面無誤，點選快門圖示。

❷ 若不想以拍照方式設定頭像，可以點選「取消」，回到設定個人資訊的頁面。

03

❶ 進入頭像設定頁面，可以依個人喜好調整照片大小和擷取範圍。

❷ 確定無誤後，點選「使用照片」。

❸ 若想要重拍照片，可以點選「重新拍攝」，回到步驟 2。

04

點選使用照片後，系統會自動回到設定個人資訊的頁面，頭像圖案設定完成。

◎ 從手機相簿選擇

01

點選「從手機相簿選擇」，畫面進入手機相簿。

02

❶ 選擇相簿，可以依個人喜好點選。

❷ 若不想從手機相簿選擇頭像，可以點選「取消」，回到設定個人資訊的頁面。

03

❶ 在相簿中，依個人喜好選擇照片。

❷ 若想更換相簿，可以點選「返回」，重新選擇相簿。

❸ 若不想從手機相簿選擇頭像，可以點選「取消」，回到設定個人資訊的頁面。

04

❶ 進入頭像設定頁面，可以依個人喜好調整照片大小和擷取範圍。

❷ 確定無誤後，點選「完成」。

❸ 若想要重選照片，可以點選「取消」，回到步驟3。

05

點選完成後，系統會自動回到設定個人資訊的頁面，頭像圖案設定完成。

Step 04　設定通訊錄

◎拍照

01

確定個人資訊無誤後，點選「下一步」。

02

系統詢問是否連結手機通訊錄，以推薦好友名單，可以依個人需求點選。

a. 點選「好」，系統將會顯示手機通訊錄中有使用微信的好友名單，可以從中快速找到好友的微信。

b. 點選「了解更多」，系統將不會連結手機通訊錄，而好友的微信需要自行搜尋。

⑤ Android 手機註冊微信帳號

Step 01　下載安裝微信

01

點選「Play 商店」。

02

點選上方的搜尋列。

03

❶在「搜尋」位置輸入
「微信」。

❷點選「Q」進行搜尋。

04

點選「WeChat」，進
入安裝頁面。（註：在中
國境外微信 APP 的名稱
為「WeChat」。）

05

點選「安裝」，等待下
載安裝完成。（註：可以
先閱讀頁面的介紹瞭解微
信的功能，再進行下載安
裝。）

06

點選「開啟」，進入微
信 WeChat 應用程式。

01

進入 WeChat APP，系統提醒是否允許取用手機空間，可以依個人需求點選。

a. 點選「允許」，可將手機中的照片、媒體和圖文資料等分享給好友，或將 WeChat 的內容資訊儲存在手機的空間中。

b. 點選「拒絕」，將不能儲存 WeChat 的內容資訊，也無法分享手機中的資料。

02

系統提醒是否開啟通話功能，可以依個人需求點選。

a. 點選「允許」，在聊天模式中可以使用通話的功能，系統也能以此確認用戶的手機號碼和 ID 資訊，以保障帳號登入的安全性。

b. 點選「拒絕」，在聊天模式中無法使用通話的功能，系統將無法透過手機號碼辨認用戶的身分，因此帳號登入的安全性較低。

03

系統提醒是否允許存取所在位置，可以依個人需求點選。

a. 點選「允許」，可以搜尋附近的用戶、共享所在位置等。

b. 點選「拒絕」，將無法使用位置共享、搜尋附近的用戶等功能。

01

❶ 沒有微信帳號者,可以點選「註冊」,進行帳號註冊。

❷ 若已有微信帳號者,可以直接點選「登入」,開始使用。

02

❶ 輸入暱稱,可依個人喜好自由命名。

❷ 確認國家/地區為「台灣」。(註:系統預先設定為台灣,若有中國手機門號,可以點入「台灣」並設定為「中國」。)

❸ 因為已有台灣國際區碼 886,輸入手機號碼時,須刪除開頭 0,共輸入 9 碼。

❹ 設定登入密碼。

❺ 若想再次確認設定的登入密碼,可以點選右方的眼睛圖示,顯示密碼。(註:眼睛圖示灰色為隱藏,藍色為顯示。)

❻ 點入右上角的相機圖示,進入手機圖片的頁面。

03

在手機圖片的頁面,系統提醒是否允許使用手機鏡頭,可以依個人需求點選。

a. 點選「允許」,可以在微信中使用拍照、錄影和掃描 QR Code 等功能。

b. 點選「拒絕」,將不能進行拍照設定頭像,也不能在微信中錄影、掃描 QR Code 等。

◎拍攝照片

01

點選「拍攝照片」，進入手機拍攝模式。

02

❶可以依個人喜好拍攝內容，以及調整拍攝效果，確定畫面後，點選相機圖示。

❷若手機具備前後鏡頭，可以點選鏡頭切換圖示，進行拍攝。（註：微信目前只能以靜態照片作為頭像，因此不能錄影。）

03

❶進入頭像設定頁面，可以依個人喜好調整照片大小和擷取範圍。

❷確定無誤後，點選「使用」。

❸若想要重拍照片，可以點選「←」。

04

確定使用後，回到設定個人資訊的頁面，即完成頭像圖案設定。

◎選擇圖片

01

❶ 可以依個人喜好點選畫面中的圖片，若想從相簿中找尋合適的圖片，可以點入左下角「所有圖片」，開啟相簿選單。

❷ 在相簿選單中，依個人需求點選相簿。

02

❶ 進入相簿，可以依個人喜好點選圖片。

❷ 若想要重選圖片，可以點選「←」，回到相簿選單。

03

❶ 進入頭像設定頁面，可以依個人喜好調整照片大小和擷取範圍。

❷ 確定無誤後，點選「使用」。

❸ 若想要重選圖片，可以點選「←」。

04

回到設定個人資訊的頁面，即完成頭像圖案設定。

01

個人資料設定完成後，確認無誤，點選「註冊」。

02

❶ 系統提醒將傳送簡訊驗證碼，以驗證手機號碼，所以務必確認手機號碼無誤後，再點選「確定」。（註：微信會以此手機號碼作為帳號，進入下一步驟後，就不能再修改。）

❷ 若手機號碼有誤，將無法進行驗證，須點選「取消」，重新輸入手機號碼。

03

畫面顯示正在綁定手機號碼，系統完成綁定後，將傳送簡訊驗證碼。

04

❶ 進入驗證手機號碼的頁面，輸入收到的簡訊驗證碼。

❷ 確認無誤後，點選「下一步」。

05

系統詢問是否連結手機通訊錄，以推薦好友名單，可以依個人需求點選。

a. 點選「好」，系統將會顯示手機通訊錄中有使用微信的好友名單，可以快速找到好友的微信。

b. 點選「瞭解更多」，系統將不會連結手機通訊錄，而好友的微信需要自行搜尋。

06

微信帳號註冊完成。

▎啟動微信支付功能

　　用戶須注意 WeChat（國際版微信）系統預設並不提供非中國門號的用戶使用微信支付的功能，即使將 WeChat 的語言切換成簡體中文，或是將手機系統的國家或地區設為中國，在 WeChat APP「我的設定」中都不會有「錢包」的選項，因為微信是以手機門號決定系統預設的功能。

　　不過，非中國門號的用戶仍有小撇步可以開啟 WeChat 的支付功能，只需要請已經開通微信支付的人，發送紅包或轉帳，系統就會因為有資金，自動啟動「錢包」的支付功能，用戶即可使用微信支付提供的服務。

▣ 紅包啟動微信支付

Step 01	領取紅包

01

當對方發送紅包後，在與對方聊天的頁面中，將會顯示微信紅包的訊息，點選「領取紅包」。

02

畫面顯示來自對方的紅包，點選「開」。

03

❶畫面顯示是否同意《微信支付用戶服務協定》。

❷可以點選「《微信支付用戶服務協議》」，瞭解詳細內容。

❸若不同意條款內容，可以點選「取消」，但將不能領取紅包，也無法啟動微信的支付功能。

04

❶ 開啟紅包後，將會看到對方贈送的金額，紅包領取完成。

❷ 點選左上角的「←」，返回聊天頁面。

❸ 若想知道收到紅包的記錄，可以點選「查看我的紅包記錄」。

05

❶ 若點選「查看我的紅包記錄」，將會進入「收到的紅包」頁面，可以知道何時收到誰的紅包，以及紅包的金額。

❷ 確認紅包記錄後，點選左上角的「←」，返回聊天頁面。

Step 02 ＼ 確認啟動微信支付

01

❶ 紅包領取成功後，在與對方聊天的頁面中，將會看到「你領取XXX的紅包」的訊息。

❷ 點入右下角的「＋」，將會有「紅包」的選項，之後就可以送紅包給好友。

❸ 點選左上角的「←」，即可返回WeChat頁面。

02

❶ 從聊天頁面回到 WeChat 頁面後，點選「我的設定」。

❷ 在「我的設定」頁面中，可以看到「錢包（微信支付）」的選項，即完成微信支付功能啟動。

ⓔ 轉帳啟動微信支付

Step 01 ＼ 零錢入帳

01

❶ 當對方轉帳成功後，系統將會通知有零
錢入帳，點選「WeChat」確認收到系
統的通知。

❷ 在 WeChat 的頁面中，點選「服務通
知」，確認通知的內容。

02

❶ 零錢入帳的資訊確認無誤後，可點選
「＜ WeChat」，返回 WeChat 頁面。

❷ 若需要瞭解對方轉帳的詳情，可以點入
「詳情」。

Step 02 ＼ 確認啟動微信支付

01

❶ 點選「我的設定」，可看到「錢包（微
信支付）」的選項。

❷ 點選「錢包」後，進入微信支付的功能
平台。

02

微信支付功能啟動完成。

▌微信支付實名認證

啟動「錢包（微信支付）」的功能後，餘額選項下方會顯示「未實名認證」，需要通過實名認證才可以使用餘額中的資金。微信以銀行卡（信用卡或儲蓄卡）的個資核實用戶的身分，因此非中國門號的用戶也可以透過綁定合適的信用卡來完成實名認證。

然而，WeChat APP 原本就不提供支付功能，因此非中國門號的用戶進行綁定銀行卡時，可能會遇到無法綁定的狀況，因為在卡片類型的選項中，微信只提供中國銀行的合作名單，非中國門號的用戶若沒有中國銀行卡，只能使用 JCB、VISA與 MasterCard 等國際組織發行的卡片（國際信用卡），但不是每家銀行發行的信用卡都適用，需要用戶自行測試，其中以 VISA 金融卡的成功率最高。（註：若卡片綁定失敗，但已設定「付款密碼」，且在餘額選項下方能看見金額，就表示已完成實名認證，可以使用微信支付的功能，不過此種方法僅供參考，將來微信官方可能會依規定有所調整。）

ⓘ iOS 手機的實名認證

微信可以綁定的銀行卡片類型有兩種，一是信用卡，二是金融卡（DebitCard，在中國稱為「儲蓄卡」），在填寫卡片資料的過程中，兩種類型的卡片需填寫的內容略有不同，因此建議先確認持有卡片的類型，再進行綁定。

Step 01	填寫卡片資料

◎使用信用卡

01
進入 WeChat APP，點選「我的設定」。

02
在「我的設定」頁面中，點選「錢包」，進入微信支付的功能平台。

03

❶ 在微信支付的功能平台中，會看到「餘
額」下方顯示「未實名認證」，且不能
使用餘額中的資金。

❷ 點選「金融卡」，進行信用卡綁定。

04

進入金融卡頁面，點選「＋新增金融卡」。

05

畫面顯示「手動輸入（A）」和「掃描輸入（B）」兩種輸入卡號的方式供用戶選擇。

A1. 輸入信用卡卡號，此卡必須是用戶本人申辦的卡片。

A2. 確定無誤後，點選「下一步」。

B1. 若想使用掃描卡片的方式輸入卡片資料，可以點入右方的相機圖示。（註：只有晶片和卡
號為立體形式的信用卡可以進行掃描。）

B2. 進入掃描模式，將掃描區域的邊框對齊信用卡的邊緣，掃描成功後，系統會自動進入下一步。

B3. 若掃描沒反應，或是想改為手動輸入，可以點選「＜返回」，回到手動輸入。

B4. 核對信用卡卡號。

B5. 確認無誤後，點選「下一步」。

B6. 若想更換信用卡，可以點選「＜返回」，回到掃描模式。

06

❶點入「有效期」，畫面顯示日期選單。

❷點選信用卡有效日期。

❸確定有效日期無誤，點選「完成」。

❹若不知道有效日期的位置，可以點入「ⓘ」參考圖文說明。

❺輸入信用卡背面末三碼（安全碼）。

❻若不知道安全碼的位置，可以點入「ⓘ」參考圖文說明。

❼確認無誤後，進行「Step 2 填寫帳單寄送地址」P.98。

◎ 使用金融卡

01

進入 WeChat APP，點選「我的設定」。

02

在「我的設定」頁面中，點選「錢包」，進入微信支付的功能平台。

03

❶在微信支付的功能平台中，將會看到「餘額」下方顯示「未實名認證」，且不能使用餘額中的資金。

❷點選「金融卡」，進行金融卡綁定。

04

進入金融卡頁面，點選
「＋新增金融卡」。

05

❶ 輸入金融卡卡號，此卡必須是
用戶本人申辦的卡片。（註：
由於金融卡的卡號是平面形式，
所以不能採用掃描的方式輸入卡
片資料。）

❷ 確定無誤後，點選「下一步」。

06

❶ 確認勾選「同意《用戶條款》」。（註：系統預先完成勾選，若取消勾選表示不同意《用戶條款》，
將無法進行下一步。）

❷ 若想要瞭解《用戶條款》內容，可以點入「《用戶條款》」。（註：條款內容是英文，因為
WeChat 是國際版微信。）

❸ 點入「卡類型」，畫面顯示合作銀行的選項。

❹ 從合作銀行的選項中，點選卡片所屬的銀行或組織。

❺ 選定銀行後，再選擇「儲蓄卡」。（註：在中國金融卡稱為儲蓄卡，若沒有中國儲蓄卡，可選
擇 JCB、VISA 或 MasterCard 等國際組織發行的卡片，選項位於選單的最後。）

❻ 確認無誤後，點選「完成」，畫面自動進入下一步。

07

❶ 點入「有效期」，畫面顯示日期選單。

❷ 點選金融卡有效日期。

❸ 確定有效日期無誤，點選「完成」。

❹ 若不知道有效日期的位置，可以點入「ⓘ」參考圖文說明。

❺ 輸入金融卡背面末三碼（安全碼）。

❻ 若不知道安全碼的位置，可以點入「ⓘ」參考圖文說明。

Step 02　填寫帳單寄送地址

❶ 輸入名字。

❷ 輸入姓氏。

❸ 輸入帳單寄送的地址，可以輸入台灣的地址。

❹ 點入「地區」，頁面進入地區的選單。

❺ 點入「台灣」，頁面進入城市的選單。

❻ 點選帳單寄送地址所在的城市。

❼ 輸入手機電話號碼，可以輸入台灣手機號碼。（註：台灣手機號碼須填寫0987xxxxxx，共10碼，若輸入國際區碼形式的手機號碼，將無法進行下一步。）

❽ 輸入電子信箱，以接收微信支付的付款通知或相關郵件。

❾ 確認勾選「同意《用戶條款》」。（註：系統預先完成勾選，若取消勾選表示不同意《用戶條款》，將無法進行下一步。）

❿ 若想要瞭解《用戶條款》內容，可以點入「《用戶條款》」。（註：條款內容為英文，因為WeChat是國際版微信。）

⓫ 確認無誤後，點選「下一步」。（註：若畫面顯示「交易被拒，請洽發卡行。」的訊息，表示此卡不適用，需要換其他信用卡。）

Step 03 設定支付密碼

01

設定微信支付的付款密碼，為六位數字。
（註：此密碼將用於付款、轉帳或更改帳戶
資料等，請務必熟記。）

02

❶ 再次輸入付款密碼，系統以此確認用戶
　設定的密碼無誤。

❷ 確認無誤後，點選「下一步」。（註：
　當付款密碼設定成功，此時微信支付的實
　名認證就已完成。）

03

畫面顯示綁定完成的信用卡，點選左上角
的「返回」。（註：若畫面沒有顯示信用卡，
可能是系統還在登錄用戶卡片，可以先返回
首頁，等一下再進行確認。）

04

餘額下方顯示金額，實名認證完成。

ⓓ Android 手機的實名認證

　　微信支付可綁定合作銀行發行的信用卡或金融卡（Debit Card，在中國稱為「儲蓄卡」），兩種卡片在填寫卡片資料的過程中，所需要填寫的內容略有不同，因此建議先確認持有卡片的類型，再開始進行綁定銀行卡。

Step 01 ＼ 填寫卡片資料

◎ 使用信用卡

01

❶ 進入 WeChat APP，點選「我的設定」。

❷ 在「我的設定」頁面中，點選「錢包」進入微信支付的功能平台。

02

❶ 在微信支付的功能平台中，會看到「餘額」下方顯示「未實名認證」，且不能使用餘額中的資金。

❷ 點選「金融卡」，進行信用卡綁定。

03

進入金融卡頁面，點選「＋新增金融卡」。

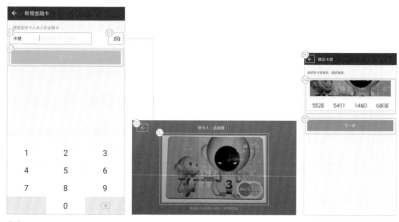

04

畫面顯示「手動輸入（A）」和「掃描輸入（B）」兩種輸入卡號的方式供用戶選擇。

A1. 輸入信用卡卡號，此卡必須是用戶本人申辦的卡片。

A2. 確定無誤後，點選「下一步」。

B1. 若想使用掃描卡片的方式輸入卡片資料，可以點入右方的相機圖示。（註：只有晶片和卡號為立體形式的信用卡可以進行掃描。）

B2. 進入掃描模式，將掃描區域的邊框對齊信用卡的邊緣，掃描成功後，系統會自動進入下一步。

B3. 若掃描沒反應，或是想改為手動輸入的方式，可以點選「←」，回到手動輸入。

B4. 核對信用卡卡號。

B5. 確認無誤後，點選「下一步」。

B6. 若想更換信用卡，可以點選「←」，返回掃描模式。

05

❶ 輸入信用卡背面末三碼（安全碼）。

❷ 若不知道安全碼的位置，可以點入「ⓘ」參考圖文說明。

❸ 點入「有效期」，畫面顯示日期選單。

❹ 點選信用卡有效日期。

❺ 確定有效日期無誤，點選「確認」。

❻ 若不知道有效日期的位置，可以點入「ⓘ」參考圖文說明。

❼ 確認無誤後，進行「Step 2 填寫帳單寄送地址」P.104。

◎ 使用金融卡

01

❶ 進入 WeChat APP，點選「我的設定」。

❷ 在「我的設定」頁面中，點選「錢包」
進入微信支付的功能平台。

02

❶ 在微信支付的功能平台中，會看到「餘
額」下方顯示「未實名認證」，且不能
使用餘額中的資金。

❷ 點選「金融卡」，進行綁定金融卡。

03

進入金融卡頁面，點選「＋新增金融卡」。

04

❶ 輸入金融卡卡號，此卡必須是用戶本人
申辦的卡片。（註：由於金融卡的卡號
是平面形式，所以不能採用掃描的方式輸
入卡片資料。）

❷ 確定無誤後，點選「下一步」。

05

❶ 輸入申辦金融卡時所填寫的手機號碼。

❷ 確定勾選「同意《用戶條款》」。（註：系統預先完成勾選，若取消勾選表示不同意《用戶條款》，將無法進行下一步。）

❸ 若想要瞭解《用戶條款》內容，可以點入「《用戶條款》」。（註：條款內容為英文，因為 WeChat 是國際版微信。）

❹ 點入「卡片類型」，頁面進入類型選項。

❺ 點選「儲蓄卡」，若選用 JCB、VISA 或 MasterCard 等國際組織發行的卡片，則點選「信用卡」。（註：VISA 金融卡為國際信用卡，因此歸類於「信用卡」，但實際上金融卡只使用銀行帳戶的餘額，不能信用預付。）

❻ 從合作銀行的選項中，點選卡片所屬的銀行或組織。

❼ 確認無誤後，點選「完成」。

06

❶ 輸入金融卡背面末三碼（安全碼）。

❷ 若不知道安全碼的位置，可以點入「ⓘ」參考圖文說明。

❸ 點入「有效期」，畫面顯示日期選單。

❹ 點選金融卡有效日期。

❺ 確定有效日期無誤，點選「確認」。

❻ 若不知道有效日期的位置，可以點入「ⓘ」參考圖文說明。

⑤ 點選帳單寄送地址所在的城市。

⑥ 輸入帳單寄送的詳細地址。

⑦ 輸入手機電話號碼，可輸入台灣手機號碼。
（註：台灣手機號碼須填寫 0987xxxxxx，共 10
碼，若輸入國際區碼形式的手機號碼，將無法進
行下一步。）

⑧ 輸入電子信箱，以接收微信支付的付款通知
或相關郵件。

⑨ 確認勾選「同意《用戶條款》」。（註：系
統預先完成勾選，若取消勾選表示不同意《用
戶條款》，將無法進行下一步。）

⑩ 若想要瞭解《用戶條款》內容，可以點入
「《用戶條款》」。（註：條款內容為英文，
因為 WeChat 是國際版微信。）

⑪ 確認無誤後，點選「下一步」。（註：若畫
面顯示「交易被拒，請洽發卡行。」的訊息，
表示此卡不適用，需要換其他信用卡。）

① 輸入名字。

② 輸入姓氏。

③ 點入「地區」，頁面進入地區的選單。

④ 點入「台灣」，頁面進入城市的選單。

Step 03 \ 設定支付密碼

01

設定微信支付的付款密
碼，為六位數字。（註：
此密碼將用於付款、轉帳
或更改帳戶資料等，請務
必熟記。）

02

① 再次輸入付款密碼，系
統以此確認用戶設定的
密碼無誤。

② 確認無誤後，點選「完
成」。（註：當付款密碼
設定成功，此時微信支付
的實名認證就已完成。）

03

餘額下方顯示金額，實名
認證完成。

🎁 QQ 錢包的開通辦法

QQ 錢包是騰訊 QQ 即時通訊軟體所推出的支付功能（QQ 錢包），讓用戶可以運用 QQ 的社交功能，進行電子商務活動，或是親友間的非交易支付，如聚餐分帳、收送紅包、轉帳或儲值等，提升 QQ 用戶的使用體驗。

而若想使用 QQ 錢包，必須先完成 QQ 帳號的註冊，再完成 QQ 的實名認證，即可體驗 QQ 錢包為生活帶來的便利性。

Step 1 ｜ 註冊 QQ 帳號	Step 2 ｜ 完成實名認證
方法 1　iOS 手機註冊	方法 1　iOS 手機實名認證
方法 2　Android 手機註冊	方法 2　Android 手機實名認證
方法 3　設定帳密註冊	
方法 4　電子信箱註冊	

▌註冊 QQ 錢包帳戶

因 QQ 錢包是 QQ APP 內部的支付功能，所以必須先完成 QQ 帳號的註冊，再下載安裝 QQ 的應用程式，才可以登錄 QQ APP 使用 QQ 錢包的支付功能。（註：QQ 提供三款 APP，其中只有「QQ」提供具有支付功能的 QQ 錢包，「QQ 國際版」或「QQ HD」都沒有。）

⑬ iOS 手機註冊 QQ 帳號

Step 01 下載安裝 QQ

01

點選「App Store」。

02

點選右下方的「搜尋」。

03

❶在「搜尋」位置輸入
「QQ」。

❷點選「Search」，即
會進入下載頁面。

04

點選「取得」，進行下
一步。

05

❶點選「安裝」，系統顯示需要
輸入 Apple ID 的密碼。

❷輸入 Apple ID 密碼，並點選
「好」，等待下載完成

06

點選「開啟」，進入 QQ 應用程式。

01

進入 QQ APP 後，系統會提醒是否開啟
QQ 的通知提示，可依個人需求點選。

a. 點選「好」，可以立即得知 QQ 的相
關訊息，如朋友聊天的訊息通知、QQ
訂閱帳號的更新提醒等。

b. 點選「不允許」，將不會收到 QQ 的
任何訊息通知。

02

❶ 沒有 QQ 帳號者，可以點選「新用戶」，
進行註冊。

❷ 若已有 QQ 帳號者，可以直接點選「登
錄」開始使用。

03

❶ 點入「中國＋86」。（註：若有中國門號可以直接輸入手機號碼。）

❷ 畫面顯示選單，點選「台灣」。

❸ 因為已有台灣國際區碼 886，輸入手機號碼時，須刪除開頭 0，共輸入 9 碼。

❹ 確認勾選「我已閱讀並同意使用條款和隱私政策」。（註：系統預先完成勾選，若取消勾選
表示不同意，將無法進行下一步。）

❺ 若想要瞭解條款的內容，可以點入「使用條款」。

❻ 若想要瞭解政策的內容，可以點入「隱私政策」。

❼ 確認無誤後，點選「下一步」，系統將會傳送簡訊驗證碼。

04

❶ 輸入收到的簡訊驗證碼。

❷ 確認勾選「將此手機號和 QQ 綁定，提高帳號安全性。」（註：系統預先完成勾選，可依個人需求取消勾選。）

❸ 確認無誤後，點選「下一步」。

05

❶ 輸入暱稱，可以依個人喜好自由命名。

❷ 確認無誤後，點選「註冊」。

06

❶ 畫面顯示註冊成功的 QQ 號，將 QQ 號記錄下來，之後可以使用 QQ 號進行登錄。

❷ 點選「登錄」，進入 QQ APP 首頁。（註：如果 3 天內未登錄，該 QQ 號將被註銷。）

Step 03 使用 QQ 的前置作業

01

進入 QQ APP 首頁後，系統詢問是否連結手機通訊錄，以此尋找好友，可以依個人需求點選。

a. 點選「尋找好友」，系統將會顯示手機通訊錄中有使用 QQ 的好友名單，可以快速找到好友。

b. 點選「取消」，系統將不會連結手機通訊錄，而好友需要自行搜尋。

02

❶ 在進入 QQ APP 時，由於是新用戶，系統會自動進入新手任務的頁面，新用戶可根據指引完成關注興趣部落、公眾號等任務，以加速提升 QQ 等級。（註：QQ 等級是依使用的活躍度和時間計算，等級越高可享有的服務功能越多，如 QQ 創建 QQ 群的數量、更多 QQ 寵物和 QQ 遊戲的功能等，此外還有 VIP 付費會員等級，可以提高離線文件的傳輸量、相簿容量等。）

❷ 若目前不想進行新手任務，可以點選「跳過」。

❸ 點選跳過後，系統提醒是否要放棄加速提升 QQ 等級的機會，可以依個人需求選擇。

　a. 點選「跳過」，將放棄加速提升 QQ 等機的機會，返回 QQ APP 首頁。

　b. 點選「取消」，可以留在新手任務頁面，繼續完成任務。

Step 04　設定登錄密碼

01

因以手機 APP 註冊的過程中尚未設定密碼，點選「① 為了你的帳號安全，請設置 QQ 密碼。」，進行密碼的設定。

02

❶ 可以取消勾選「顯示密碼」，避免被人窺見。

❷ 設定登錄密碼，由數字、字母或符號組成，至少六位字元。

❸ 確認無誤後，點選「確定」。

03

畫面顯示登錄密碼設定成功，點選「完成」，QQ 帳號註冊完成。

Android 手機註冊 QQ 帳號

Step 01　下載安裝 QQ

01

點選「Play 商店」。

02

點選上方的搜尋列。

03

❶ 在「搜尋」的位置輸入「QQ」。

❷ 點選「Q」進行搜尋。

04

點選「QQ」，進入安裝頁面。（註：「QQ 國際版」和「QQ HD」都沒有 QQ 錢包。）

05

點選「安裝」。（註：可以先閱讀頁面的介紹瞭解 QQ 的功能，再進行下載安裝。）

06

點選「接受」，等待下載安裝完成。

07

點選「開啟」，進入 QQ 應用程式。

01

❶ 進入 QQ APP，沒有 QQ 帳號者，可以點選「新用戶」進行註冊。

❷ 若已有 QQ 帳號者，可以直接點選「登錄」開始使用。

02

❶ 點入「中國 +86」。（註：若有中國門號可以直接輸入手機號碼。）

❷ 畫面顯示選單，點選「台灣」。

❸ 因為已有台灣國際區碼 886，輸入手機號碼時，須刪除開頭 0，共輸入 9 碼。

❹ 確認勾選「我已閱讀並同意使用條款和隱私政策」。（註：系統預先完成勾選，若取消勾選表示不同意使用條款和隱私政策，將無法進行下一步。）

❺ 想要瞭解條款的內容，可以點入「使用條款」。

❻ 若想要瞭解政策的內容，可以點入「隱私政策」。

❼ 確認無誤後，點選「下一步」，系統會寄送簡訊驗證碼至用戶填入的手機號碼

03

❶ 輸入收到的簡訊驗證碼。

❷ 確認勾選「綁定手機號（可代替 QQ 帳號登錄）」和「開啟設備鎖，保障 QQ 帳號安全」。（註：系統預先完成勾選，可依個人需求取消勾選。）

❸ 確認無誤後，點選「下一步」。

04

❶輸入暱稱，可依個人喜好自由命名。

❷確認無誤後，點選「完成」。

05

❶畫面顯示註冊成功的 QQ 號，將此
QQ 號記錄下來，之後也可以使用 QQ
號進行登錄。

❷確認無誤後，點選「進入 QQ」。

Step 03 ╲ 使用 QQ 的前置作業

01

進入 QQ 頁面，畫面顯示須輸入帳號密
碼，但在註冊過程中尚未設定登錄密碼，
因此點選左下角的「無法登錄？」，運用
簡訊驗證的方式登錄。

02

點選「短信驗證登錄」。

03

❶ 輸入台灣手機號碼，因已有台灣國際
區碼 886，所以須刪除開頭 0，共輸
入 9 碼。（註：若註冊時使用中國手機
號碼，點入「+886」改成中國國際區碼
「+86」。）

❷ 確認無誤後，點選「下一步」。

04

❶ 輸入收到的簡訊驗證碼。

❷ 確認無誤後，點選「下一步」，進入
QQ APP 首頁。

Step 04　設定登錄密碼

01

因以手機 APP 註冊的過
程中尚未設定密碼，點選
「①為了你的帳號安全，
請設置 QQ 密碼。」，進
行密碼的設定。

02

❶ 可以取消勾選「顯示密
碼」，避免被人窺見。

❷ 設定登錄密碼，由數
字、字母或符號組成，
至少六位字元。

❸ 確認無誤後，點選「確
定」。

03

畫面顯示登錄密碼設定
成功，點選「完成」，
QQ 帳號註冊完成。

◎ 設定帳號密碼註冊 QQ 帳號

01 ❶ 輸入 QQ 官網網址：im.qq.com。
❷ 沒有 QQ 帳號者，可以點選「註冊」，進行註冊。
❸ 若已有 QQ 帳號者，可以直接點選「登錄」開始使用。

02 進入 QQ 註冊頁面，確認點選「QQ 帳號」。（註：預設的註冊方式為「QQ 帳號」。）

03　❶輸入暱稱，可以依個人喜好自由命名。

❷設定登錄密碼，為英數符號混合，至少六位字元。（註：可以根據提示設定密碼，以提高密碼的安全程度。）

❸再次輸入登錄密碼，系統以此確認用戶設定的密碼無誤。

❹點選性別。

❺點選出生年月日。

❻點選所在地的國家、省分和城市。

❼輸入手機號碼，若是中國境外的門號，可以點入「點擊這裡」，畫面將顯示「地區」的項目。（註：若有中國門號可以直接輸入手機號碼。）

❽點選地區的「中國 0086」。

❾畫面顯示選單，點選「台灣 00886」。

❿點選「獲取短信驗證碼」。

⓫輸入收到的簡訊驗證碼。

⓬確認勾選「同時開通 QQ 空間」。（註：系統預先完成勾選，可依個人需求取消。）

⓭確認勾選「我已閱讀同意相關服務條款和隱私政策」。（註：系統預先完成勾選，若取消勾選表示不同意，將無法進行下一步。）

⓮確認無誤後，點選「立即註冊」。

04　❶畫面顯示申請成功，將此 QQ 號記錄下來，之後也可以使用 QQ 號進行登錄。

　　❷點選「立即登錄」，QQ 帳號註冊完成。（註：若註冊完成後 3 天內未登錄，QQ 帳號將會註銷。）

◎ 使用電子信箱註冊 QQ 帳號

Step 01　註冊帳號

01　❶輸入 QQ 官網網址：im.qq.com。

　　❷沒有 QQ 帳號者，可以點選「註冊」，進行註冊。

　　❸若已有 QQ 帳號者，可以直接點選「登錄」開始使用。

02　進入 QQ 註冊頁面，點選「郵箱帳號」。（註：預設的註冊方式為「QQ 帳號」。）

03　❶輸入電子信箱帳號。

　　❷輸入暱稱，可以依個人喜好自由命名。

　　❸設定登錄密碼，為英數符號混合，至少六位字元。（註：可以根據系統提示設定密碼，以提高密碼的安全程度。）

　　❹再次輸入登錄密碼，系統以此確認用戶設定的密碼無誤。

　　❺點選性別。

　　❻點選出生年月日。

　　❼點選所在地的國家、省分和城市。

　　❽確認已勾選「我已閱讀並同意相關服務條款和隱私政策」。（註：系統預先完成勾選，若取消勾選表示不同意，將無法進行下一步。）

　　❾確認無誤後，點選「立即註冊」。

04 ❶輸入手機號碼。（註：若有中國門號可以直接輸入手機號碼。）
❷若是中國境外的門號，可以點入「點擊這裡」，畫面將顯示「地區」的項目。
❸點選地區的「中國 0086」。
❹畫面顯示選單，點選「台灣 00886」。
❺點選「向此手機發送驗證碼」。
❻輸入收到的簡訊驗證碼。
❼確認無誤後，點選「提交驗證碼」。

05 畫面顯示須前往電子信箱啟動 QQ 帳號，點選「登錄郵箱」。

01 點選「騰訊確認函：請完成您的帳號申請」的信件。

02 ❶開啟信件後，確認申請的電子信箱帳號。
　　❷確認無誤後，點選網址。

03 ❶畫面顯示申請成功，將此 QQ 號記錄下來，之後也可以使用 QQ 號進行登錄。
　　❷點選「登錄 QQ」，QQ 帳號註冊完成。（註：若註冊完成後 3 天內未登錄，QQ 帳號將會被註銷。）

▌QQ 錢包實名認證

使用 QQ 錢包的支付功能前，必須先完成實名認證，而 QQ 錢包採用綁定銀行卡的方式，以銀行卡申辦的資料，如身分證、手機門號等驗證用戶身分。

01

進入 QQ APP，點選左上角的頭像。

02

畫面左側顯示系統選單，點選「QQ 錢包」。

03

進入 QQ 錢包，點選右上角的「個人中心」圖示。

04

在個人中心頁面中，點選「實名認證」。

05

點選「綁銀行卡驗證」，進行實名認證。

06

輸入中國銀行卡卡號，完成後會自動進入下一步。

07

❶ 輸入申辦銀行卡時所填寫的姓名。（註：姓名必須是簡體字，可以參考附錄「簡體中文輸入法的設定方法」P.250。）

❷ 點入「身分證」。

❸ 畫面顯示證件選項，點選「台胞證」，系統會自動設定證件類型。

❹ 輸入台胞證號碼，共 8 碼。（註：紙本台胞證 8 ～ 10 碼。）

❺ 輸入申辦銀行卡時所填寫的中國手機門號，開頭為 1，共 11 碼。

❻ 若忘記手機號碼或門號已停用，可以點入「ⓘ」參考 QQ 的建議。

❼ 確認勾選「同意接受 QQ 錢包支付相關協議」。（註：系統預先完成勾選，若取消勾選表示不同意，將無法進行下一步。）

❽ 可以點入「QQ 錢包支付相關協議」瞭解詳細內容。

❾ 確認無誤後，點選「下一步」，系統會寄送簡訊驗證碼至用戶填寫的手機號碼中。

08

❶ 輸入收到的簡訊驗證碼。

❷ 確認無誤後，點選「確定」。

09

設定支付密碼，六位數字。（註：此密碼將用於交易付款時，請務必熟記。）

🎁 財付通的開通辦法

財付通是騰訊旗下最早開始提供第三方支付服務的平台。如今，除了提供微信支付與 QQ 錢包的支付技術外，財付通也推出「財付通手機支付」（又稱手機財付通），讓用戶可以直接透過手機 APP，享受財付通的行動支付服務。

而部分台灣銀行和第三方支付業者已與財付通合作，因此台灣民眾只要使用 QQ 帳號直接註冊財付通，就可以輕鬆使用財付通的帳戶餘額進行購物消費。然而財付通 APP 目前只提供給中國民眾使用，所以非中國民眾註冊完成後，只能在官方網站使用財付通，或是透過 QQ 錢包使用財付通的帳戶餘額進行交易。（註：進入財付通 APP 以 QQ 帳號密碼註冊時，在安全設置的頁面中，「身分證」的部分若輸入台胞證號碼，系統會顯示「錯誤代碼 404」的訊息，因此台灣民眾目前不能使用財付通 APP，但能透過 QQ 錢包或官方網站使用財付通。）

▌註冊財付通帳戶

財付通是以 QQ 帳號直接註冊，因此必須先註冊 QQ 帳號，而 QQ 帳號可以透過 QQ APP 完成註冊，也可以到 QQ 官方網站使用電子信箱或設定帳號、密碼等方式完成註冊。（註：QQ 帳號註冊的方法，可以參考「註冊 QQ 錢包帳戶」P.106。）

▌手機 QQ 實名認證

財付通為了提供用戶安全無慮的交易環境，使用 QQ 帳號註冊時，會要求用戶先完成實名認證，然而財付通 APP 目前不提供中國境外的用戶進行實名認證，因此非中國民眾無法直接在財付通 APP 完成註冊，不過因為 QQ 錢包的帳戶可以使用財付通的帳戶餘額，所以用戶可以藉由完成 QQ 錢包的實名認證，啟動財付通的帳戶。（註：手機 QQ 實名認證的方法，可以參考「QQ 錢包實名認證」P.120。）

▌啟動財付通帳戶

未通過實名認證的 QQ 帳號不能用來註冊財付通，但是當 QQ 帳號完成實名認證後，不但可以使用 QQ 錢包的支付功能，也能夠因為 QQ 錢包是以 Q 幣、銀行卡和財付通餘額作為付款方式，可以在電腦上登錄財付通，啟動財付通的帳戶。（註：在財付通官方網站也可以使用微信 APP 掃描登錄，但非中國民眾無法完成微信 APP 正式的實名認證，因此只能使用 QQ 帳號啟動財付通。）

Step　登錄財付通

01　❶ 輸入財付通官網網址：www.tenpay.com。
　　　❷ 點選「登錄」。（註：財付通目前不提供以台胞證進行註冊，因此非中國用戶只能以 QQ 帳號登錄財付通。）

02　顯示手機掃描登錄的頁面，須使用 QQ APP 進行掃描，才可以啟動財付通的帳戶。

03

① 進入 QQ APP，點選右上角的「＋」。

② 畫面顯示選單，點選「掃一掃」。

04 進入掃描模式，將掃描區域對準網頁上的 QR Code。

05 掃描成功後，QQ APP 畫面顯示登錄確認的訊息，點選「允許登錄騰訊業務」。

06 網頁自動進入「我的財付通」頁面，財付通登錄完成。

中國行動支付的功能比較

	支付寶	微信支付	財付通	QQ 錢包
收款	✓	✓		✓
轉帳	✓	✓	✓	✓
儲值帳戶	✓	✓	✓	✓
生活繳費	✓	✓		✓
投資理財	✓	✓		✓
信用卡繳款	✓	✓	✓	✓
儲值遊戲幣	✓	✓	✓	✓
儲值話費	✓	✓	✓	✓
公眾號		✓		✓
即時通訊	✓	✓		✓
收送紅包	✓	✓		✓
外賣服務	✓			✓
叫車服務	✓	✓		✓
機票車票	✓	✓	✓	✓
公益捐款	✓	✓	✓	✓
票券卡夾	✓	✓		✓
城市服務	✓	✓		✓
購物平台	✓	✓		✓

開通台灣的行動支付

Activating mobile payment of Taiwan

行動支付的開通方法
Activating mobile payment

根 據調查指出台灣民眾普遍習慣以現金或信用卡的方式付款，尤其以
信用卡使用率最高，而且台灣民眾懂得聰明理財，會因應網路購物、
一般消費、跨境交易、出國遊玩與加油等不同的消費情境選擇不同的信用
卡，藉此獲得刷卡優惠折扣或紅利回饋（現金、點數），因此在台灣一人
持有多張信用卡是種常態。

　　然而，擁有多張信用卡，雖然能夠配合不同開銷而自由選擇，卻會讓
皮夾變得厚重，也不免擔心卡片會被盜刷或遺失，因此台灣的業者配合民
眾的消費習慣，陸續推出各式各樣的行動支付 APP，並且以綁定信用卡並
出示 QR Code 或條碼的付款方式為主流，讓台灣民眾出門在外，不需要
攜帶多張信用卡，只需要攜帶手機使用行動支付，就能同樣享有刷卡帶來
的優惠折扣或紅利回饋，輕鬆又方便。

✿ LINE Pay 的開通辦法

　　LINE 是台灣使用率相當高的即時通訊軟體，幾乎是台灣民眾手機內必
備的 APP。LINE 為了讓廣大用戶體驗便利的行動生活，在 LINE APP 中提
供 LINE Pay 行動支付的功能，因此只要有 LINE APP，即可註冊 LINE Pay
的帳戶，並使用 LINE Pay 輕鬆購買貼圖，也可以在 LINE APP 的網路平台
或實體合作商店使用行動支付，快速完成付款事項。

▌ 註冊 LINE Pay 帳戶

　　LINE Pay 是 LINE 提供的支付功能，因此只要用戶下載並安裝 LINE APP，就可以直接註冊 LINE Pay 的帳戶，註冊完成後，即可使用 LINE Pay 行動支付的功能。

Step 01 　 啟動 LINE Pay 功能

・iOS 手機

・Android 手機

01

❶進入 LINE APP，點選下方的「其他」。

❷在其他頁面中，點選「LINE Pay」。

02

❶進入 LINE APP，點選「…」進入其他功能。

❷在其他頁面中，點選「LINE Pay」。

03

進入 LINE Pay 註冊畫面，點選「開始」。

04

❶點入右方的「＞」，閱讀服務條款內容，同意後再點選下方的「同意」按鍵，系統會自動回到條款頁面。

❷勾選「LINE Pay 服務條款」，表示同意。（註：若不勾選，表示不同意，將無法進行下一步。）

❸點入右方的「＞」，閱讀隱私權政策內容，同意後再點選下方的「同意」按鍵，系統會自動回到條款頁面。

❹勾選「隱私權政策」，表示同意。（註：若不勾選，表示不同意，將無法進行下一步。）

❺點入右方的「＞」，閱讀用戶資訊提供政策內容，同意後再點選下方的「同意」按鍵，系統會自動回到條款頁面。

❻勾選「LINE 用戶資訊提供政策」，表示同意。（註：若不勾選，表示不同意，將無法進行下一步。）

❼點入右方的「＞」，閱讀行銷資訊提供政策內容，同意後再點選「同意」按鍵，系統會自動回到條款頁面。

❽勾選「行銷資訊提供政策（任選）」，表示同意。（註：此項可以依個人需求決定是否勾選。）

❾確認無誤後，點選「下一步」。

01
設定密碼，為六位數字。
（註：此密碼將用於付款
或更改帳戶資料等，請務
必熟記。）

02
再次輸入登錄密碼，系
統以此確認用戶設定的
密碼無誤。

03
LINE Pay 註冊完成。

綁定信用卡

　　LINE Pay 目前只提供信用卡的支付方式，因此完成 LINE Pay 帳戶註冊後，還
需要綁定信用卡，才可以使用付款功能。

Step　填寫卡片資料

01
進入 LINE Pay，點選「註冊信用卡」。

02

畫面顯示「手動輸入（Ａ）」和「掃描您的卡片（Ｂ）」兩種輸入卡號的方式供用戶選擇。

A1. 進入註冊信用卡的頁面，輸入信用卡卡號。

B1. 若想要以掃描的方式輸入卡號，點入「掃描您的卡片」。（註：只有晶片和卡號為立體形式的信用卡可以進行掃描。）

B2. 進入掃描模式，將掃描區域的邊框對齊信用卡的邊緣，掃描成功後，系統會自動回到註冊卡片的頁面並輸入卡號。

03

❶ 輸入信用卡有效日期。

❷ 輸入信用卡背面末三碼。

❸ 若不知道 CVC（安全碼）的位置，可以點入「ⓘ」參考說明。

❹ 輸入信用卡上持卡人英文名字。（註：須注意英文大小寫。）

❺ 輸入信用卡上持卡人英文姓氏。（註：須注意英文大小寫。）

❻ 輸入卡片暱稱，可以依個人需求自由命名，也可以不輸入暱稱。

❼ 確定勾選「設為主要卡片」。（註：系統預先完成勾選，若設有其他信用卡，則可以依個人需求選擇是否勾選。）

❽ 確認無誤後，點選「註冊卡片」。

04

畫面顯示註冊成功，點選「確定」，信用卡綁定完成。

▍LINE Pay 介面說明

　　LINE Pay 註冊成功後，即可在超商購物消費時出示「我的條碼」給店員掃描，以體驗行動支付快速結帳的方便性，也可以在 LINE Store 直接購買主題和貼圖，除此之外，LINE Pay 還提供其他服務的選項，以下將說明這些選項的功能。

❶ 掃　　描　　以掃描 QR Code 的方式進行付款。

❷ 我的條碼　　以出示 QR Code 的方式進行付款。

❸ 註冊卡片　　綁定用於付款的信用卡。

❹ 交易紀錄　　查詢每筆交易明細，以掌控資金的動向。

❺ 點　　數　　使用 LINE Pay 消費，可累積 LINE Points 點數，點數可用來購買主題、貼圖或線上商品等。

❻ 設　　定　　修改個人資料和密碼、查看交易紀錄、管理信用卡、查詢常見問題、LINE Pay 解約等功能。

❼ 愛心捐款　　可以直接使用 LINE Pay 線上捐款給公益團體。

❽ 禮品小舖　　LINE Pay 專屬的網路購物平台，讓用戶可以直接消費，也提供贈禮給 LINE 好友的功能。

❾ 特賣活動　　禮品小舖的優惠商品和活動資訊，只要以 LINE Pay 付款即可享有優惠價。

❿ 卡片管理　　可以依個人需求增減綁定的信用卡。

⓫ 最新消息　　可以得知系統的重要更新或公告事項、優惠活動資訊等消息。

⓬ 鈴鐺圖示　　系統提醒用戶使用 LINE Pay 的注意事項。

⓭ 關閉符號　　離開 LINE Pay 頁面，返回 LINE 的其他功能頁面。

🎁 歐付寶 allPay 的開通辦法

　　歐付寶是台灣持有電子支付執照的公司之一，除了可以綁定信用卡付款之外，也可以使用財付通、網路 ATM ／ ATM 櫃員機或超商代收付等方式付款，也提供轉帳和儲值的服務，方便用戶管理歐付寶 allPay 帳戶中的資金。若想使用歐付寶 allPay 提供的行動支付服務，只需要在手機 APP 或官網上完成註冊，再綁定信用卡就可以使用手機支付款項，若是再依序完成實名認證的驗證項目，將會開通更多服務，如帳戶儲值、境內和跨境交易收款等，增加歐付寶行動支付的功能。

▋註冊歐付寶 allPay 帳戶

　　歐付寶可以透過手機 APP 或官網進行註冊，註冊完成後，也可以依個人需求選擇在手機 APP 或官網上進行帳戶的管理。

☞ 手機 APP 註冊歐付寶帳號

　　使用歐付寶的手機 APP 進行註冊，需要填寫會員資料、驗證手機號碼和電子信箱，完成後即可開始使用歐付寶的行動支付功能。

Step 01	下載安裝歐付寶

◎ iOS 手機

01

點選「App Store」。

02

點選右下方的「搜尋」。

03

❶ 在「搜尋」位置輸入「歐付寶」。

❷ 點選「搜尋」，即會進入下載頁面。

05

❶ 點選「安裝」，系統
顯示需要輸入 Apple
ID 的密碼。

❷ 輸入 Apple ID 密碼，
並點選「好」，等待
下載完成。

04
點選「取得」。

06
下載完成後，點選「開啟」，
進入歐付寶應用程式。

◎ Android 手機

01
點選「Play 商店」。

02
點選上方的搜尋列。

03
❶ 在「搜尋」位置輸入
「歐付寶」

❷ 點選「Q」進行搜尋。

04

點選「行動支付」，進入安裝頁面。

05

點選「安裝」，等待下載安裝完成。（註：可以先閱讀頁面的介紹瞭解歐付寶的功能，再進行下載安裝。）

06

點選「開啟」，進入歐付寶（行動支付）應用程式。

Step 02　註冊帳號

01

❶ 進入歐付寶 APP，沒有歐付寶帳號者，可以點選「註冊」，進行註冊。

❷ 若已有歐付寶帳號者，可以直接點選「開始使用」。（註：歐付寶介面說明可參考 P.156。）

02

❶ 閱讀會員使用條款。

❷ 同意後，點選「我同意上述內容」。

03

❶ 進入個人會員註冊頁面後，設定登入帳號，為英數混合，至少六位字元。（註：須注意英文大小寫。）

❷ 設定登入密碼，為英數混合，至少六位字元。（註：須注意英文大小寫。）

❸ 再次輸入登錄密碼，系統以此確認用戶設定的密碼無誤。

❹ 輸入手機號碼，將會收到簡訊驗證碼。

❺ 確認無誤後，點選「確定」。

❻ 若要進行商務會員註冊，可參考 P.261。

04

❶ 輸入收到的簡訊驗證碼。

❷ 確認無誤後，點選「確定」。

05

❶ 確認會員國籍為「臺灣」。（註：系統預設為「臺灣」，若是其他國籍，可以點選選單，選擇所屬的國家選項。）

❷ 輸入真實姓名，之後進行實名認證時將核對身分證資料。

❸ 輸入身分證字號。

❹ 輸入出生日期。

❺ 點選「送出驗證」。（註：以上會員資料一旦註冊不得自行更改，若想更改必須向歐付寶客服人員提出申請，所以務必確認資料無誤。）

Step 03　設定支付密碼

01

❶ 設定支付密碼，為六位數字。（註：此密碼將用於付款、轉帳或管理帳戶時，請務必熟記。）

❷ 確認無誤後，點選「確定」。

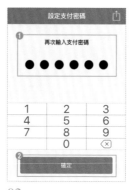

02

❶ 再次輸入支付密碼，系統以此確認用戶設定的密碼無誤。

❷ 確認無誤後，點選「確定」。

Step 04　驗證電子信箱

01

❶ 輸入電子信箱，系統將發送驗證信件，之後也會發送交易紀錄、客服回覆等通知信件。

❷ 確認無誤後，點選「送出」。

02

畫面顯示驗證成功，點選「完成」。

03

前往電子信箱，點選「【歐付寶】電子郵件信箱設定通知」的信件。

04

開啟信件，確認信箱設
定無誤後，點選網址進
行驗證電子信箱。

05

畫面顯示驗證成功，點
選「關閉」，歐付寶註
冊完成。

官方網站註冊歐付寶帳號

　　在歐付寶官方網站的會員註冊中，提供「個人會員」和「商務會員」兩種類型的選項，一般民眾只需要註冊個人會員，即可使用歐付寶的支付平台進行收付款事項，若是公司行號、團體或合法登記的法人，則可以註冊商務會員，在廠商後台系統中經營和管理行銷內容。（註：商務會員的註冊方法，可以參考附錄「商家應用」P.261。）

Step 01 \ 註冊帳號

01　❶輸入歐付寶官網網址：www.allpay.com.tw。

　　❷沒有歐付寶帳號者，可以點選「註冊」，進行註冊。

　　❸若已有歐付寶帳號者，可以直接點選「登入」開始使用。

02　進入註冊頁面，畫面提供兩種會員的註冊選項，可以依個人需求點選。

ⓐ 有收／付款的需求，但不是公司行號、團體或合法登記的法人者，可以點選個人會員中的「免費註冊」，進行註冊。

ⓑ 屬於公司行號、團體或合法登記的法人，可以點選商務會員中的「免費註冊」，進行註冊。（註：商務會員的註冊方法，可參考附錄「商家應用」P.261。）

03　❶進入個人用戶的註冊頁面，若已有毆付寶的帳號密碼，可以填寫左側「會員登入」的資料，直接登入歐付寶。

❷若沒有歐付寶帳號，可以填寫右側「立即註冊」的資料。

❸輸入手機號碼，之後系統將會傳送簡訊驗證碼。

❹輸入會員帳號，為英數混合，至少六位字元。（註：須注意英文大小寫。）

❺設定密碼，為英數混合，至少六位字元。（註：須注意英文大小寫。）

❻再次輸入密碼，系統以此確認用戶設定的密碼無誤。

❼輸入頁面顯示的驗證碼。

❽確認無誤後，點選「免費註冊」。

04 ❶進入會員權益説明頁面，閱讀隱私權政策、會員服務約定條款、交易糾紛爭議處理、費率表及收款使用者服務約定等內容。

❷閱讀完後，若是同意所有內容，點選「我同意上述內容」，進行下一步。

05 ❶輸入收到的簡訊驗證碼。

❷點選「送出」。

06 網頁彈出小視窗，顯示手機驗證成功，點選「確定」進行下一步。

07 網頁彈出小視窗，提醒需要完善個人基本資料，點選「確定」。

01 ❶輸入真實姓名,之後進行實名認證時將核對身分證資料。(註:會員姓名一旦註冊不得自行更改,若想更改必須向歐付寶客服人員提出申請。)

❷確認會員國籍為「TAIWAN臺灣」。(註:系統預設為「TAIWAN臺灣」,若是其他國籍,可以點選選單,選擇所屬的國家選項。)

❸點選「出生日期」。

❹輸入身分證字號。

❺設定支付密碼,為六位數字。(註:此密碼用於付款、轉帳或更改帳戶資料等,請務必熟記。)

❻再次輸入支付密碼,系統以此確認用戶設定的密碼無誤。

❼輸入電子信箱,系統將發送驗證信件,之後也會發送交易紀錄、客服回覆等通知信件。

❽確認無誤後,點選「送出資料」。

02 網頁彈出小視窗,顯示個人基本資料完成,點選「確定」。

01 前往電子信箱，點選「【歐付寶】電子信箱設定通知」的信件。（註：若手機有連動電子信箱，也可使用手機進行驗證。）

02 開啟信件，確認信箱無誤，點選網址，完成歐付寶註冊。

01　❶輸入歐付寶官網網址：www.allpay.com.tw。

　　❷點選「登入」，進入會員登入頁面。

02　❶在會員登入的區塊，輸入會員帳號。

　　❷輸入登入密碼。

　　❸輸入頁面顯示的驗證碼。

　　❹依個人需求選擇是否勾選「記住我的會員帳號」。（註：在使用非私人電腦時，為了確保個資安全，建議不要勾選。）

　　❺確認無誤後，點選「登入」。

▍歐付寶 allPay 身分驗證

　　首先進行「身分證換補發驗證」，通過驗證成為黃金級別的會員，就可以儲值歐付寶帳戶，在沒有信用卡的情況下，也可以使用歐付寶帳戶餘額完成付款。

⊙ 手機 APP 的身分驗證

　　歐付寶將以身分證的發證日期、發證地點和證件類別等資料，進行用戶註冊資料的驗證，以核實用戶身分，完成實名認證。

Step	驗證身分證資料

01
進入歐付寶 APP，點選「會員」。

02
進入會員專區，點選「個人資訊」。

03
點選「會員級別升級」。

04
進入會員級別升級的頁面，往下點選身分證換補發資訊的「立即驗證」。（註：必須先完成身分證補換發資訊的驗證，才可進行信用卡／銀行帳戶的驗證。）

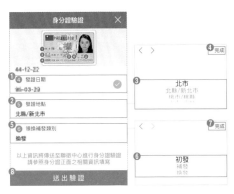

05
❶ 輸入身分證的發證日期。
❷ 點入「發證地點」，畫面顯示地點選項。
❸ 點選身分證的發證地點。
❹ 選定地點後，點選「完成」。
❺ 點入「領換補發類別」，畫面將顯示步驟❻
　的選項。
❻ 點選身分證的領換補發類別，有初發、補發、
　換發，若未更換或遺失過，一般為「初發」。
❼ 選定類別後，點選「完成」。
❽ 確認無誤後，點選「送出驗證」。

06
點選「確定」，身分驗證完成。

◎ 官方網站的身分驗證

　　歐付寶的身分驗證，是以用戶輸入的身分證內容，如發證日期、發證地點和
證件類別等資料，核實用戶身分。

Step	驗證身分證資料

01　❶ 登入歐付寶後，點選「會員專區」。（註：登入方法請參考 P.143。）
　　❷ 選擇「會員分級驗證」，進行身分驗證。

會員級別	收款額度・・・・皆固定				合約條件可商議
	個人一般	個人黃金	個人白金	個人鑽石	個人鑽石+
手機驗證	✓	✓	✓	✓	✓
身分證醫示帳戶驗證 透過聯徵驗證銀行帳戶是否為驗示帳戶	✓	✓	✓	✓	✓
身分證換補發驗證	✗	進行驗證	進行驗證	進行驗證	進行驗證

02 進入會員分級驗證頁面後，往下點選身分證換補發驗證欄位的「進行驗證」。

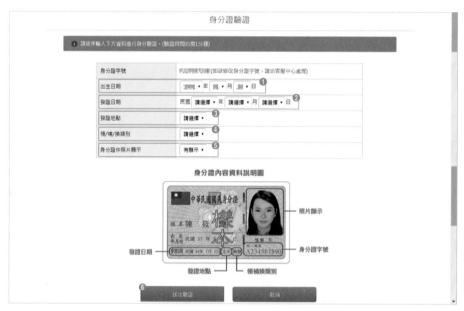

03 ❶點選身分證上的出生年月日。
❷點選身分證發證日期。
❸點選「發證地點」的選單，選擇身分證上的地點。
❹點選「領／補／換類別」的選單，選擇身分證上的類別。
❺依身分證是否有照片，點選「有顯示」或「沒顯示」。
❻確認無誤後，點選「送出驗證」。

04 網頁彈出小視窗，顯示驗證成功，點選「確定」，身分驗證完成。

歐付寶 allPay 信用卡／銀行帳戶驗證

若想要提高儲值額度，或是開通收款的功能，需要進行第二項目「信用卡／銀行帳戶驗證」，完成驗證後，成為白金級別的會員，即可使用歐付寶進行收款。

◉ 歐付寶信用卡／銀行帳戶驗證方式

驗證方式	所需時間	可用資料
信用卡	立即完成	中信、台新、富邦、匯豐、新光、上海、元大、兆豐、遠東、凱基、安泰、聯邦、華南、國泰、日勝、第一、彰化、玉山（不支援 VISA 金融卡、萬事達卡 Debit 金融卡）、合庫（不支援 VISA 金融卡）、台企（不支援 VISA 金融卡）等銀行信用卡。
銀行帳戶	2 ～ 3 個工作日	全台灣地區的銀行帳戶。

◉ 手機 APP 的信用卡／銀行帳戶驗證

歐付寶以申辦銀行相關業務的資料驗證用戶身分，在驗證過程中，使用信用卡可以立即完成驗證，但只有部分銀行發行的信用卡適用，而使用銀行帳戶進行驗證，則需要 2 ～ 3 個工作日才能完成驗證。

Step 01　開啟驗證頁面

01
進入歐付寶 APP，點選「會員」。

02
進入會員專區，點選「個人資訊」。

03
在個人資訊中，點選「會員級別升級」。

05

進入驗證頁面，系統提供兩種驗
證方式，可以依個人需求點選。

a. 點選「信用卡驗證」，可以
立即完成驗證，但只有部分
銀行發行的信用卡適用。

b. 點選「銀行帳戶驗證」，需
要 2 ～ 3 工作日才可以完成
驗證。

04

進入會員級別升級頁面，
往下點選信用卡／銀行
帳戶的「立即驗證」。

Step 02　選擇驗證方式

◎信用卡驗證

01

點選「信用卡驗證」，進入驗證頁面。

02

❶ 輸入本人持有的信用卡卡號。

❷ 輸入信用卡有效日期。

❸ 輸入信用卡背面末三碼。

❹ 確認身分證字號與申辦信用卡時所填寫的資料相同。

❺ 確認手機號碼與申辦信用卡時所填寫的資料相同。

❻ 確認勾選「我已瞭解並同意將以上資訊提供給發卡銀行驗證」。(註：
系統預先完成勾選，若取消勾選表示不同意，將無法進行驗證。)

❼ 確認無誤後，點選「確認送出」。（註：系統為了驗證信用卡的有
效性，將會試刷 1 元，但不會實際扣款，所以無須支付任何費用。）

03

畫面顯示驗證成功，並且將此卡綁定為支付信用卡，點選「確定」，信用卡驗證完成。（註：若身分證字號或手機號碼有誤需要更改，須向歐付寶客服人員提出申請。）

◎銀行帳戶驗證

01

點選「銀行帳戶驗證」，進入驗證頁面。

02

❶ 點選「金融單位類別」，畫面顯示類別選單，依個人銀行帳戶的類別選擇項目，如本國銀行、外商銀行、信用合作社等。

❷ 點選「金融單位名稱」，畫面顯示單位選單，選擇帳戶的單位名稱，如台北富邦銀行、華南商業銀行、京城商業銀行等。

❸ 點選「金融單位分行」，畫面顯示分行選單，選擇帳戶的分行，如新生分行、內湖分行、永康分行等。

❹ 輸入銀行帳號。

❺ 勾選「我已瞭解並同意歐付寶向金融單位核對您的帳戶資訊，並瞭解交易收入不會直接撥入銀行帳戶，必須透過提領功能將款項提出。」

❻ 確認無誤，點選「確認送出」後，銀行帳戶驗證完成。

官方網站的信用卡／銀行帳戶驗證

歐付寶以信用卡和銀行帳戶申辦時所填寫的資料進行用戶身分驗證，因此個人會員需要使用本人申辦的信用卡或銀行帳戶，才能順利通過驗證。在進行驗證時，選擇以信用卡驗證，只有部分銀行發行的信用卡可以使用，而選擇以銀行帳戶，則需要 2～3 個工作日才能完成驗證。

Step 01 ＼ 開啟驗證頁面

01　❶登入歐付寶後，點選「會員專區」。（註：登入方法請參考 P.143。）

　　❷選擇「會員分級驗證」，進行信用卡／銀行帳戶驗證。

會員級別	收款額度．手續費率．撥款週期皆固定				合約條件可商議
	個人一般	個人黃金	個人白金	個人鑽石	個人鑽石*
手機驗證	✓	✓	✓	✓	✓
身分證暨示帳戶驗證 透過聯徵驗證銀行帳戶是否為暨示帳戶	✓	✓	✓	✓	✓
身分證換補發驗證	✗	✓	✓	✓	✓
信用卡／銀行帳戶驗證	✗	✗	進行驗證	進行驗證	進行驗證
自然人憑證驗證／臨櫃辦理	✗	✗	✗	進行驗證	✗

02　進入會員分級驗證後，點選信用卡／銀行帳戶驗證欄位的「進行驗證」。（註：必須先通過身分證驗證，才可進行此項驗證。）

03　進入驗證頁面，系統提供兩種驗證方式，可以依個人需求點選。

　　a. 點選「信用卡驗證」，可以立即完成驗證，但只有部分銀行發行的信用卡適用。

　　b. 點選「銀行帳戶驗證」，需要 2～3 工作日才可以完成驗證。

◎信用卡驗證

01

點選「信用卡驗證」，進入驗證頁面。

02

❶ 輸入本人持有的信用卡卡號。

❷ 輸入信用卡有效日期。

❸ 輸入信用卡背面末三碼。

❹ 確認身分證字號與申辦信用卡所填寫的資料相同。

❺ 確認手機號碼與申辦信用卡所填寫的資料相同。

❻ 確認勾選「我已瞭解並同意歐付寶向發卡銀行核對以下資訊：身分證字號、手機號碼、信用卡資訊、持卡人姓名資訊是否屬實。」（註：系統預先完成勾選，若取消勾選表示不同意，將無法進行驗證。）

❼ 確認無誤後，點選「送出」。

03

畫面顯示驗證成功，並且將此卡綁定為支付時的信用卡，點選「確定」，信用卡驗證完成。（註：若身分證字號或手機號碼有誤需要更改，須向歐付寶客服人員申請更改。）

◎銀行帳戶驗證

01

選擇以「銀行帳戶驗證」。

02

❶點選「金融單位類別」，畫面顯示類別選項。

❷點選帳戶的類別。

❸點選「金融單位名稱」，畫面顯示單位選項。

❹點選帳戶的單位名稱。

❺點選「分行」，畫面顯示分行選項，選擇帳戶的分行。

❻輸入銀行帳號。（註：須使用註冊本人的銀行帳戶，避免驗證失敗。）

❼輸入管理名稱，可以依個人需求自由命名。

❽確認勾選「您的交易收入不會直接撥入銀行或郵局帳戶，請透過提領功能將款項提出。」（註：系統預先完成勾選，若取消勾選，將無法進行驗證。）

❾確認無誤，點選「送出」後，銀行帳戶驗證完成。

▌歐付寶 allPay 綁定信用卡

　　歐付寶已與台灣地區所有銀行合作，除了讓用戶可以綁定各家銀行的信用卡外，也可以綁定多張信用卡，方便用戶在使用行動支付時，輕鬆挑選合適的信用卡進行付款。（註：銀行快付或歐付寶帳戶餘額，必須先通過實名認證，提升會員級別才可以使用。）

⊙ 手機 APP 綁定信用卡

　　使用歐付寶 APP 綁定信用卡後，就可以馬上使用手機體驗行動支付為生活帶來的便利性。

Step	填寫卡片資料

01

進入歐付寶 allPay APP，點選「會員」。

02

進入會員專區，點選「收付設定」。

03

在收／付設定頁面，點選「信用卡設定」。

04

點選右上角的「＋」，新增信用卡。（註：歐付寶可以綁定台灣所有銀行發行的信用卡。）

05

❶ 輸入本人持有的信用卡卡號。

❷ 輸入信用卡有效日期。

❸ 輸入信用卡背面末三碼。

❹ 確認身分證字號是否與申辦信用卡時所填寫的資料相同。

❺ 確認已勾選「我已瞭解並同意將以上資訊提供給發卡銀行驗證」。

❻ 確認無誤後，點選「確定」。
（註：系統為了驗證信用卡的有效性，將會試刷 1 元，但不會實際扣款，所以無須支付任何費用。）

06

信用卡綁定完成。

◎ 官方網站綁定信用卡

當歐付寶的帳號註冊完成後，立即成為一般級別的會員，只需要綁定信用卡，就可以在交易時使用歐付寶支付款項。

Step	填寫卡片資料

01 ❶登入歐付寶後，點選「會員專區」。（註：登入方法請參考 P.143。）

❷選擇「基本資料」。

02 點選信用卡支付綁定的「立即設定」。

03 進入信用卡設定頁面，點選「新增信用卡」。

04 ❶ 輸入本人持有的信用卡卡號。

❷ 輸入信用卡有效日期。

❸ 輸入信用卡背面末三碼。

❹ 確認身分證字號是否與申辦信用卡時所填寫的資料相同。（註：系統會自動顯示註冊時用戶填寫的身分證字號，若要變更，須向客服人員申請。）

❺ 初次綁定信用卡，在預設卡的選項，點選「是」，之後若綁定其他信用卡，可以依個人需求選擇。（註：在「信用卡設定」中也可更改預設卡的設定。）

❻ 確認已勾選「我已瞭解並同意將歐付寶向發卡銀行核對以下資訊：身分證字號、信用卡資訊、持卡人姓名資訊是否屬實。」（註：系統預先完成勾選，若取消勾選，將無法進行驗證。）

❼ 確認無誤後，點選「送出」。（註：系統為了驗證信用卡的有效性，將會試刷1元，但不會實際扣款，所以無須支付任何費用。）

05 網頁彈出小視窗，顯示綁定成功，點選「確定」，信用卡綁定完成。

▌歐付寶 allPay 介面說明

　　歐付寶提供多元的付款方式，讓用戶可以依個人需求選擇使用信用卡、歐付寶帳戶餘額或銀行快付等方式支付款項，而付款方式的設定可以直接在歐付寶 APP 上完成，除此之外，歐付寶還提供其他服務的選項，以下將說明這些選項的功用。

◉ 主選單說明

❶首頁 內有收付款、儲值、轉帳、停車繳費、優惠活動、合作商店等功能選項，提供用戶有關行動支付的服務項目。

❷會員 內有會員資料、交易記錄、收付款設定、掃描登入等功能選項，提供用戶有關個人帳戶資訊的查詢或設定。

❸通知 告知優惠活動資訊、系統更新通知、重要公告事項或帳戶資料更新等。

❹設定 可以開關音效和訊息提醒的功能，也提供歐付寶的相關服務條款的資料，以及客服聯絡方式。

◉ 首頁說明

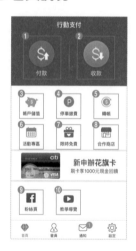

❶付　　款 內有「條碼付款」和「掃描付款」兩種交易方式可依支付情境做選擇，還有「信用卡」、「歐付寶帳戶」和「銀行快付」三種付款方式供用戶挑選。

❷收　　款 內有「專屬條碼」和「自訂金額」的收款方式可依個人需求選擇。

❸帳戶儲值 可以在特定商店掃描條碼付現儲值，也可以網路銀行轉帳儲值，或是超商繳費儲值，完成帳戶儲值，即可使用帳戶餘額支付款項。

❹停車繳費 可以綁定車籍資料，接收待繳通知，也可以查詢和繳納路邊停車費，以及確認繳費明細。

❺轉　　帳 可以依個人需求使用歐付寶的帳戶餘額。

❻活動專區 可以得知各種優惠活動的資訊，如新會員見面禮、刷卡現金回饋、停車費優惠等。

❼限時免費 歐付寶與遊戲廠商或其他廠商合作的限時免費資訊，如遊戲虛寶兌換、廠商抽獎活動等。

❽合作商店 可以得知與歐付寶合作商店的名單。

❾粉 絲 頁 可以得知歐付寶的最新消息和活動資訊。

❿教學導覽 提供影音和圖文的教學導覽，指導用戶如何使用收付款的功能。

◉ 會員頁面說明

❶ 帳戶資訊　歐付寶帳戶的餘額和可用於消費折抵的購物金餘額。

❷ 個人資訊　查看會員資料，修改登入／支付密碼，以及透過實名認證提升會員級別，以開通更多服務功能等。

❸ 帳戶總覽　查詢帳戶收支、儲值、轉帳和購物金的明細，提領帳戶餘額，設定銀行帳號資料等。

❹ 訂單查詢　查詢收付款的交易記錄，如掃描便利付的明細、停車繳費的明細等。

❺ 收付設定　增減綁定的信用卡，瞭解行動收款手續費和撥款日，管理販賣的商品資訊等。

❻ 掃描登入　用於掃描歐付寶官網的 QR Code，或是超商多媒體事務機的 QR Code，進行快速登入。

◉ 通知頁面說明

❶ 消息中心　可以得知各種優惠活動資訊、系統更新通知、官方重要公告等，以及個人資料修改或設定完成的通知。

❷ 編　　輯　可以刪除已知或不重要的通知資訊。

◉ 設定頁面說明

❶ 登 入 帳 號　顯示用戶登入所用的帳號。

❷ 訊 息 提 醒　點選開關，可以開啟或停止歐付寶的推播通知。

❸ 音　　　效　點選開關，可以開啟或停止收付款選項的音效。

❹ 聯 絡 方 式　若有任何問題，可以運用電子信箱或聯絡電話，直接寫信或電洽客服中心。

❺ 關於歐付寶　查看歐付寶的隱私權政策、服務條款和收費規定等資料，或是瞭解交易糾紛爭議處理辦法。

❻ 登　　　出　可登出歐付寶 APP。

🎁 ezPay 台灣支付的開通辦法

台灣支付是藍新科技的子公司，承襲母公司多年的金流服務，推出 ezPay 台灣支付，以提供用戶安全可靠的支付平台。ezPay 台灣支付是以手機號碼和電子信箱進行註冊，只要完成註冊並綁定信用卡，就可以使用 ezPay 台灣支付的支付功能。

▍註冊 ezPay 台灣支付帳戶

ezPay 台灣支付為了提供用戶安全的交易環境，在註冊帳號時，除了需要填寫個人基本資料外，還需要進行手機號碼和電子信箱驗證，完成這些步驟後，就可以開始使用 ezPay 台灣支付 APP。

Step 01	下載安裝台灣支付

◎ iOS 手機

01
點選「App Store」。

02
點選右下方的「搜尋」。

03
❶在「搜尋」位置輸入「台灣支付」。
❷點選「搜尋」，即會進入下載頁面。

04
點選「取得」，進行下一步。

05

❶ 點選「安裝」，系統顯示需要輸入 Apple ID 的密碼。

❷ 輸入 Apple ID 密碼，並點選「好」，等待下載完成。

06

點選「開啟」，進入台灣支付應用程式。

◎ Android 手機

01

點選「Play 商店」。

02

點選上方的搜尋列。

03

❶ 在「搜尋」的位置輸入「ezPay」。

❷ 點選「Q」進行搜尋。

04

點選「台灣支付」，進
入安裝頁面。

05

點選「安裝」，等待下
載安裝完成。（註：可以
先閱讀頁面的介紹瞭解台
灣支付的功能，再進行下
載安裝。）

06

點選「開啟」，進入台
灣支付應用程式。

| Step 02 | 註冊帳號 |

◎ iOS 手機

01

進入台灣支付 APP 後，系統確認是否開
啟台灣支付的通知提醒，可以依個人需求
點選。

a. 點選「好」，可以立即得知台灣支付的
任何資訊通知。

b. 點選「不允許」，將不會收到台灣支付
的任何資訊通知。

02

❶ 進入後可以看見台灣支付的歡迎頁面，
向左方滑動頁面查看簡易說明，及註
冊、登入畫面。

❷ 沒有台灣支付帳號者，可以點選「註
冊」。

❸ 若已有台灣支付帳號者，可以直接點選
「登入」開始使用。

03

系統提醒是否允許使用
手機鏡頭，可以依個人
需求點選。

a. 點選「好」，可以使用
手機鏡頭掃描信用卡
或 QR Code 等。

b. 點選「不允許」，將
不能使用手機鏡頭掃
描 QR Code。

04

❶ 輸入手機號碼。

❷ 確認無誤後，點選「發
送驗證碼」。

05

❶ 輸入收到的簡訊驗證
碼。

❷ 台灣支付將以此手機號
碼作為帳號，確認無誤
後，點選「確認」。

◎ Android 手機

01

❶ 進入台灣支付 APP 後，可以看見台灣支付的歡迎頁
面，向左方滑動頁面查看簡易說明。

❷ 沒有台灣支付帳號者，可以點選「註冊」。

❸ 若已有台灣支付帳號者，可以直接點選「登入」。

02

❶ 輸入手機號碼。

❷ 確認無誤後，點選「發送驗證碼」。

03

❶ 輸入收到的簡訊驗證碼。

❷ 台灣支付將以此手機號碼作為帳號，確認無誤後，點選「確認」。

Step 03 ╲ 驗證電子信箱

01

❶ 進入信箱驗證頁面，輸入電子信箱。

❷ 確認無誤後，點選「發送驗證碼」。

02

❶ 前往電子信箱，點選「【台灣支付】會員註冊驗證」的信件。

❷ 開啟信件，收到信箱驗證碼，返回台灣支付 APP 信箱驗證的頁面。

03

❶ 輸入收到的信箱驗證碼。

❷ 確認無誤後，點選「確認」，信箱驗證完成。

01

❶輸入姓名。

❷輸入暱稱，可以依個人喜好自由命名。

❸輸入身分證字號。

❹輸入出生年月日。

❺確認點選國籍為「本國籍台灣」。（註：若非本國人，可點選「非本國籍」。）

❻勾選「同意隱私權宣告及服務條款」。

❼若想要瞭解隱私權宣告的內容，可以點選「隱私權宣告」。

❽若想瞭解服務條款的內容，可以點選「服務條款」。

❾確認無誤後，點選「下一步」。

02

❶設定登入密碼，為英數混合，至少六位字元。（註：密碼至少要有兩位英文字母與兩位數字，須注意英文大小寫。）

❷再次輸入登入密碼，系統以此確認用戶設定的密碼無誤。

❸確認無誤後，點選「下一步」。

03

設定交易密碼，為六位數字。設定完成後，系統自動進入首頁，台灣支付註冊完成。（註：此密碼將用於付款或更改帳戶資料等，請務必熟記。）

▌ezPay 台灣支付綁定信用卡

　　ezPay 台灣支付目前是以信用卡作為付款方式，因此在進行付款前，需要先綁定信用卡，才可以體驗 ezPay 台灣支付所提供的快速付款服務。（註：ezPay 台灣支付可以新增多家銀行發行的信用卡，張數依手機容量而定。）

Step	填寫卡片資料

01
進入台灣支付 APP，點選「會員服務」。

02
進入會員服務頁面，點選「我的信用卡」。

03
點選「新增信用卡」。

04

畫面顯示「手動輸入（Ａ）」和「掃描您的卡片（Ｂ）」兩種輸入卡號的方式供用戶選擇。

A1. 輸入本人持有的信用卡卡號。

B1. 若想以掃描的方式輸入卡號，點入右上角的「掃描卡片」。（註：只有晶片和卡號為立體形式的信用卡可以進行掃描。）

B2. 進入掃描模式，將掃描區域的邊框對齊信用卡的邊緣，掃描成功後，系統會自動回到新增信用卡的頁面並輸入卡號。

05

❶ 點入「有效期限」，畫面顯示選單。

❷ 點選有效期限的日期。

❸ 確認日期無誤，點選「確認」。

❹ 輸入卡片名稱，可依個人喜好自由命名。

❺ 依個人喜好點選卡片顯示的色彩。

❻ 勾選「設定為主要卡片」。（註：之後可在「我的信用卡」更改主要卡片的設定。）

❼ 確認無誤後，點選「完成」。

06

信用卡綁定完成。（註：卡片右上角的星星圖示，表示此卡為主要卡片，在支付時會以此卡片做預設選擇。）

┃ezPay 台灣支付介面說明

完成 ezPay 台灣支付的註冊後，即可使用掃描支付款項的功能，體驗行動支付為生活帶來的便利性。ezPay 台灣支付 APP 除了提供掃描支付的功能外，還提供其他服務的選項，以下將說明這些選項的功用。

◉ 主選單說明

❶ 首　　頁　內有掃描條碼、我的條碼和票匣等有關消費付款的功能選項。

❷ 掃描記錄　保存掃描 QR Code 的使用記錄。

❸ 消息通知　可以得知各種活動資訊、重要公告或新聞資訊等。

❹ 會員服務　內有信用卡管理、交易紀錄、安全設定等，提供用戶有關個人帳戶資料的查詢和設定。

❺ 掃　　描　可以掃描各種格式的 QR Code，快速查看條碼的
　 QR Code　內容資訊。

◉ 首頁說明

❶ 掃描條碼　以掃描 QR Code 的方式進行付款。

❷ 我的條碼　以出示 QR Code 的方式進行付款。

❸ 票　　匣　可以透過掃描票卡條碼、電子郵件和網站指示等方式，將日常使用的各種票卡電子化，收納在台灣支付 APP 中，方便取用。

◉ 掃描記錄說明

掃描記錄　使用掃描 QR Code 查看內容資訊後，系統將會自動保存掃描記錄，方便用戶查詢和管理。

◉ 消息中心說明

消息中心　可以得知各種活動資訊、系統重要更新、官方公告事項，以及相關新聞資訊等。

◉ 會員服務說明

❶會 員 資 訊　顯示會員的基本資料，如手機號碼、電子信箱等，並可以依個人需求設定頭像和暱稱。

❷我的信用卡　可以依個人需求，增減綁定的信用卡。

❸交 易 紀 錄　查詢每筆交易明細的內容，以掌控資金的動向。

❹安 全 設 定　可以依個人需求設定圖形鎖、指紋綁定等安全防護，以及修改登入／交易密碼。

❺關　　　　於　瞭解台灣支付的服務條款和隱私權宣告的內容，查
台 灣 支 付　詢常見問題、聯絡客服和合作的銀行名單等，以及設定 APP 系統的語言。

❻登　　　　出　可登出台灣支付 APP。

📦 Pi 行動錢包的開通辦法

　　Pi 行動錢包是 PChome 推出的行動支付 APP，幾乎與全台各地的便利商店合作，讓用戶可以在超商消費時，只要掃描付款條碼，就可以快速結帳。Pi 行動錢包也提供路邊停車繳費、社交商務等支付情境，只需要下載安裝 Pi 行動錢包 APP，完成註冊流程，並驗證電子信箱，以及綁定信用卡，即可體驗 Pi 行動錢包帶來的行動生活。

▌註冊 Pi 行動錢包帳戶

　　Pi 行動錢包的個人會員帳號，可以在手機 APP 或官方網站上進行註冊，依照流程完成註冊後，手機號碼即為 Pi 行動錢包的帳號。（註：商家若是想要註冊會員帳號，可以在官方網站上進行註冊，註冊方法可以參考附錄「商家應用」P.262。）

✆ 手機 APP 註冊 Pi 行動錢包帳號

Step 01　下載安裝 Pi 行動錢包

◎ iOS 手機

01
點選「App Store」。

02
點選右下方的「搜尋」。

03
❶ 在「搜尋」位置輸入「Pi 行動錢包」。

❷ 點選「搜尋」，即會進入下載頁面。

04
點選「取得」，進行下一步。

05

❶點選「安裝」，系統顯示需
　要輸入 Apple ID 的密碼。

❷輸入 Apple ID 密碼，並點選
　「好」，等待下載完成。

06

點選「開啟」，進入 Pi
行動錢包應用程式。

◎ Android 手機

01

點選「Play 商店」。

02

點選上方的搜尋列。

03

❶在「搜尋」位置輸入
　「Pi 行動錢包」。

❷點選「Ｑ」進行搜尋。

04

點選「Pi 行動錢包」，
進入安裝頁面。

05

點選「安裝」，等待下
載安裝完成。（註：可以
先閱讀頁面的介紹瞭解 Pi
行動錢包的功能，再進行
下載安裝。）

06

點選「開啟」，進入 Pi
行動錢包應用程式。

Step 02 | 開啟 Pi 行動錢包

◎ iOS 手機

01

進入 Pi 行動錢包 APP，系統提醒用戶是
否允許系統取用所在位置，可以依個人需
求點選。

a. 點選「允許」，可以使用線上點餐、搜
尋附近的合作商店等功能。

b. 點選「不允許」，將無法使用定位的相
關功能。

02

系統提醒開啟推播服務功能，可以依個人
需求點選。

a. 點選「確定」，將會進行接收通知訊息
的設定。

b. 點選「取消」，將不會接收到重要交易
訊息的通知。

03

系統確認是否接收通知提醒，可以依個人需求點選。

a. 點選「好」，可以接收到重要交易訊息的通知。

b. 點選「不允許」，將不會接收到重要交易訊息的通知。

04

出現歡迎頁面，閱讀完內容後，點選「開始使用」。

◎ Android 手機

❶ 進入 Pi 行動錢包，畫面提示為了讓帳號更加安全，建議用戶允許使用電話功能，點選「了解」進行設定。

❷ 系統提醒是否允許使用電話功能，可以依個人需求點選。

　　a. 點選「允許」，可以使用即時通訊的功能，如線上訂餐、通話記錄管理等。

　　b. 點選「不允許」，將不能使用即時通訊的功能。

01

❶輸入手機號碼。（註：若輸入的手機號碼已註冊過 Pi 行動錢包，可以直接登入使用。）

❷點選「下一步」，之後系統將傳送簡訊驗證碼。

02

❶輸入收到的簡訊驗證碼。

❷確認無誤後，點選「送出驗證」。

03

❶閱讀 Pi 行動錢包的服務條款，瞭解個人權益和注意事項。

❷同意條款內容，勾選「我已閱讀並同意以上條款和條件」。（註：若不勾選，將無法進行下一步。）

❸確認無誤後，點選「下一步」。

05

❶進入新增信用卡頁面，輸入持卡人的中文姓名。

❷輸入信用卡卡號，再依指示輸入有效日期和背面末三碼。

❸確認無誤後，點選「完成」。（註：系統為了驗證信用卡的有效性，將會試刷1元，但不會實際扣款，所以無須支付任何費用。）

04

❶輸入身分證字號。

❷確認無誤後，點選「下一步」。

06

❶設定支付密碼，為四位數字。（註：此密碼將用於支付款項時，請務必熟記。）

❷確認無誤後，點選「確認」。

07

❶再次輸入支付密碼，系統以此確認用戶設定的密碼無誤。

❷確認無誤後，點選「確認」。

08

畫面顯示註冊成功，點選「確定」，Pi行動錢包註冊完成。

◉ 官方網站註冊 Pi 行動錢包帳號

01 ❶輸入 Pi 行動錢包官網網址：www.piapp.com.tw。

❷一般用戶可以點選「個人會員」，進入 Pi 行動錢包個人會員網站。

❸商家可以點選「商家會員」，進入 Pi 行動錢包商家會員網站。（註：商家的註冊方法可以參考附錄「商家應用」P.262。）

02 ❶進入個人會員網站，點選右上角的「註冊」。

❷若已有 Pi 行動錢包帳號，點選「登入」。

03 網站提供兩種註冊選項，可以依個人需求點選。

   a. 經常線上購物或銷售的使用者，可以點選個人區塊中的「立即註冊」，即可在網路
     或實體通路使用行動支付的收付款功能。

   b. 經營線上銷售的大型賣家或實體商店，可點選商業區塊中的「立即註冊」，即可
     在行動支付平台上使用收款和提款功能。

04 ❶閱讀 Pi 行動錢包的服務條款，瞭解個人權益，以及使用的注意事項。

   ❷同意條款內容，勾選「我已閱讀並同意以上條件和條款」。（註：若不勾選，將無
    法進行下一步。）

   ❸確認無誤後，點選「下一步」。

05　❶閱讀 Pi 行動錢包的隱私權聲明，瞭解個人資料保護的相關事項。

　　❷勾選「我已閱讀並同意以上條件及條款」。（註：若不勾選，無法進行下一步。）

　　❸確認無誤後，點選「下一步」。

06　❶輸入暱稱，可以依個人喜好自由命名。

　　❷輸入身分證字號。

　　❸輸入手機號碼。（註：手機號碼將作為 Pi 行動錢包的帳號。）

　　❹輸入電子信箱，之後系統將會傳送驗證碼至信箱。

　　❺設定登入密碼，為英數混合，至少六位字元。（註：須注意英文大小寫。）

　　❻再次輸入登入密碼，系統以此確認用戶設定的密碼無誤。

　　❼確認無誤後，點選「建立個人 Pi 帳號」。

07 ❶輸入收到的簡訊驗證碼。

❷確認無誤後，點選「驗證」。

❸若重發驗證碼仍未收到簡訊，可以點選「沒有收到簡訊嗎？」參考 Pi 行動錢包的處理方法。

08 ❶輸入信用卡持卡人的姓名。

❷輸入信用卡卡號。

❸點選信用卡有效日期。

❹輸入信用卡背面末三碼。

❺設定支付密碼，為四位數字。（註：此密碼將用於付款時，請務必熟記。）

❻再次輸入支付密碼，系統以此確認用戶設定的密碼無誤。

❼點選「建立個人 Pi 帳號」。

09　畫面顯示帳號註冊成功，但信箱尚未驗證。

10　❶前往電子信箱，開啟「歡迎加入 Pi 行動錢包！」的信件。
　　❷確認信箱綁定無誤後，點選網址。

11　電子信箱驗證完成。

▎Pi 行動錢包電子信箱驗證

　　建立 Pi 行動錢包的個人會員帳號後，首先要在 24 小時內驗證電子信箱，才能開通行動支付的功能，若是未能及時驗證電子信箱，則需要以手機 APP 進行驗證，操作步驟如下。

Step 01　設定登入密碼

01

❶ 先進入 Pi 行動錢包 APP，再點入左上角的「☰」。

❷ 左側顯示選單，點選「帳號設定」。

02

進入帳號設定頁面，點選「個人資料」。

03

在個人資料頁面，往下點選登入密碼旁的「設定」。（註：若是以官方網站進行註冊，登入密碼已設定完成，可以直接進行「Step 2 驗證電子信箱」P.181。）

04

畫面顯示系統將傳送簡訊驗證碼至當初註冊的手機號碼，點選「立即發送」。

05

畫面顯示簡訊驗證碼已
傳送，點選「確定」，
確認收到簡訊。

06

❶ 輸入簡訊驗證碼。

❷ 確認無誤後，點選「送
出驗證」。

07

❶ 設定密碼，為英數混
合，至少六位字元。

❷ 確認無誤後，點選「確
認」。

08

❶ 再次輸入登入密碼，
系統以此確認密碼設
定無誤。

❷ 確認無誤後，點選「確
認」。

09

畫面顯示設定成功，點
選「確定」，登入密碼
設定完成。

01

回到個人資料頁面，往下點選電子郵件旁的「設定」。

02

❶ 輸入登入密碼。

❷ 確認無誤後，點選「確認」。

03

畫面顯示系統將傳送簡訊驗證碼至當初註冊的手機號碼，點選「確定」。

04

❶ 輸入收到的簡訊驗證碼。

❷ 確認無誤後，點選「送出驗證」。

05

❶ 輸入電子信箱。

❷ 確認無誤後,點選「確認」。

06

畫面顯示信箱驗證碼已發送,點選「確定」。

07

❶ 前往電子郵件信箱,點選「Pi 行動錢包:電子郵件驗證」的信件。

❷ 確認信件內容無誤後,點選網址。

08

電子信箱驗證完成。

Pi 行動錢包綁定信用卡

Pi 行動錢包是以綁定信用卡的方式付款，在註冊過程中，會先綁定一張信用卡，若想要新增或解除綁定的信用卡，可以在 Pi 行動錢包中的「我的錢包」進行設定。

ⓔ 手機 APP 綁定信用卡

Step	填寫卡片資料

01
❶ 先進入 Pi 行動錢包 APP，再點入左上角的「≡」。
❷ 左側顯示選單，點選「我的錢包」。

02
在我的錢包頁面中，點選「新增信用卡」。

03
❶ 確認系統顯示的姓名與持卡人相同。（註：輸入的信用卡必須是用戶本人申辦的卡片。）
❷ 輸入信用卡卡號，依序輸入有效日期和背面末三碼。
❸ 確認無誤後，點選「完成」。
（註：系統為了驗證信用卡的有效性會試刷1元，但不會實際扣款，所以無須支付任何費用。）

04
信用卡綁定完成。

◉ 官方網站綁定信用卡

Step	填寫卡片資料

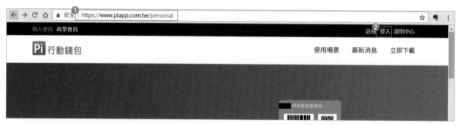

01 ❶輸入 Pi 行動錢包官網網址：www.piapp.com.tw/personal。
　　❷點選右上方的「登入」。

02 ❶輸入手機號碼。（註：Pi 行動錢包以註
　　冊的手機號碼作為帳號。）
　　❷輸入登入密碼。
　　❸確認無誤後，點選「登入」。

03 ❶登入後，畫面自動進入交易紀錄的頁面，點選左側選項中的「我的錢包」，
　　❷點選「×」，將交易紀錄的訊息框關閉。

04 ❶在「我的錢包」的頁面中，點選「信用卡」。

❷點選「新增信用卡」。

05 ❶確認持卡人姓名。（註：輸入的信用卡必須是用戶本人申辦的卡片。）

❷輸入持卡人的信用卡卡號。

❸點選信用卡有效日期。

❹輸入信用卡背面末三碼。

❺可以依個人需求選擇是否勾選「設定為預設卡片」。（註：若尚未綁定其他信用卡，必須勾選設定為預設信用卡，交易時才能進行付款。）

❻確認無誤，點選「新增信用卡」後，信用卡綁定完成。（註：系統為了驗證信用卡的有效性，將會試刷 1 元，但不會實際扣款，所以無須支付任何費用。）

Pi 行動錢包介面說明

　　Pi 行動錢包針對不同的支付情境，除了提供用戶掃描 QR Code 快速完成付款之外，還提供其他服務的選項，如即時通訊、小額支付、線上點餐等，以下將說明這些選項的功用。

主選單說明

❶ 訊　　息　Pi 行動錢包的即時通訊功能，提供買賣雙方溝通協調的管道，也讓親友可以即時通訊。

❷ 收 付 款　輸入手機號碼或商店代碼，即可進行小額支付。

❸ 掃碼支付　內有超商掃描付款、路邊停車費繳納、保險費繳款、醫院批價單繳費、線上購物付款等，提供用戶掃描付款的相關功能選項。

❹ 點　　餐　查詢附近的合作商家，提供線上點餐消費的服務。

❺ ☰　　　　開啟左側的次選單，顯示交易紀錄、我的錢包、通知、提領、帳號和車號設定等，提供用戶有關個人帳戶資訊的查詢和設定。

次選單說明

❶ 交　　易　返回掃碼支付的頁面。

❷ 交易紀錄　查詢每筆交易明細，以掌控資金的動向。

❸ 我的錢包　查詢帳戶餘額，設定銀行帳戶，增減綁定的信用卡等，提供用戶有關收付款的設定項目。

❹ 通　　知　可以得知系統更新、重要公告、帳戶資料更新等資訊，也可得知停車費的繳納訊息，或是小額支付的付款通知。

❺ 提　　領　設定銀行帳戶，即可將 Pi 行動錢包的餘額提領至指定的銀行帳戶。

❻ 帳號設定　內有基本資料可供修改頭像、暱稱、電子信箱、登入／支付密碼等，也提供設定手機條碼以存取合作商店消費的電子發票。

❼ 車號設定　設定汽機車的車號，若有未繳的停車單，可以立即收到繳費通知，避免逾期繳款。

❽ 關 於 Pi　可以瞭解服務條款和隱私權政策的內容。

❾ 登　　出　可登出 Pi 行動錢包 APP。

❿ 客　　服　若有疑惑或遇到任何問題，可以寫信詢問 Pi 行動錢包的客服。

◉ 訊息頁面說明

❶ 搜　　尋　可以直接尋找同為 Pi 行動錢包用戶的好友或商家。

❷ 加入好友　將同為 Pi 行動錢包的用戶加入好友名單,即可即時互動、交流意見。

❸ 邀請註冊　可以邀請非 Pi 行動錢包的用戶加入 Pi 行動錢包的使用行列。

◉ 收付款頁面說明

收付款　直接輸入商家代碼,即可進行小額支付,也可透過手機通訊錄或直接輸入手機號碼的方式,向手機號碼持有人發起小額收付款的交易請求。(註:目前只可進行一千元以下的小額支付。)

◉ 點餐頁面說明

❶ 搜　　尋　可以依個人需求查詢合作商家的資訊,快速找到商店資訊。

❷ 我的最愛　可以依個人需求收藏喜愛或常消費的商店,方便快速查詢商店資訊。

❸ 曾經消費　系統自動保存每次線上點餐的記錄,方便用戶快速查詢商店資訊。

❹ 合作商店　顯示用戶附近的合作商店,提供商店資訊和線上點餐的功能服務。

◉ 掃碼支付頁面說明

❶ **超商掃描付款** 在合作超商使用指定的信用卡，以掃描的方式快速完成結帳。

❷ **掃 碼 付 款** 以掃描 QR Code 的方式進行付款。

❸ **手機借閱證** 可以綁定臺北市立圖書館的借書證，在臺北市立圖書館即可使用手機完成借還書。

❹ **停車費查詢** 查詢汽機車路邊停車的繳費資訊。

❺ **縣市停車費** 點選停車費單據的收費地點，掃描單據的付款條碼，即可完成繳費事項。

❻ **富 邦 產 險** 掃描保險繳款單的條碼，即可完成繳費。

❼ **敏盛綜合醫院** 掃描桃園市敏盛綜合醫院批價單的 QR Code，即可完成繳費。

❽ **行 動 購 物 牆** 在 PChome 網路購物平台消費，可以直接使用 Pi 行動錢包掃描付款條碼，完成線上付款。

🎁 街口支付的開通辦法

街口行動支付目前已經與數家實體商店合作，包含餐飲、美容舒壓、寵物、購物、娛樂、超商、超市等，還提供用戶手機線上點餐、計程車付款的服務，只須下載並安裝街口 APP，完成註冊流程，即可體驗街口 APP 提供的各項服務。

▌註冊街口支付帳戶

若想要使用街口支付，只需要下載街口 APP，輸入手機號碼進行註冊，即可開始使用街口支付平台的功能服務。

Step 01	下載安裝街口支付

◎ iOS 手機

01
點選「App Store」。

02
點選右下方的「搜尋」。

03
❶ 在「搜尋」位置輸入「街口」。
❷ 點選「搜尋」，即會進入下載頁面。

04
點選「取得」，進行下一步。

05
❶ 點選「安裝」，系統顯示需要輸入 Apple ID 的密碼。
❷ 輸入 Apple ID 密碼，並點選「好」，等待下載完成。

06
點選「開啟」，進入街口支付應用程式。

◎ Android 手機

01
點選「Play 商店」。

02
點選上方的搜尋列。

03
❶在「搜尋」位置輸入
「街口」。
❷點選「🔍」進行搜尋。

04
點選「街口－我的生活
方式」，進入安裝頁面。

05
點選「安裝」，等待下
載安裝完成。（註：可以
先閱讀頁面的介紹瞭解街
口支付的功能，再進行下
載安裝。）

06
點選「開啟」，進入街
口支付應用程式。

01

進入街口 APP，系統提醒是否取用所在位置，可以依個人需求點選。

a. 點選「允許」，可以使用線上點餐、搜尋附近的合作商店等功能。

b. 點選「不允許」，系統將無法立即提供附近的合作商家，線上點餐的部分功能也將無法使用。

02

系統確認是否接收街口 APP 的通知提醒，可以依個人需求點選。

a. 點選「好」，可以接收到活動優惠券、重要交易訊息的通知。

b. 點選「不允許」，將不會接收到任何街口 APP 的通知。

01

❶ 輸入手機號碼。（註：若輸入的手機號碼已註冊過街口支付，可直接登入使用。）

❷ 勾選「已閱讀過並同意條款隱私政策」。

❸ 可以點入「條款隱私政策」瞭解內容。

❹ 確認無誤後，點選「取得驗證碼」。

02

❶ 輸入收到的簡訊驗證碼。

❷ 確認無誤後，點選「驗證」。

03

❶點選「立即設定」。

❷若還不想綁定信用卡，可以點選右上角的「×」關閉圖示。

04

❶輸入信用卡卡號。

❷點選信用卡有效日期。

❸確認無誤後，點選「確認」。

05

❶系統為了驗證信用卡的有效性，將會試刷2元，但不會實際扣款，所以無須支付任何費用。

❷確認刷卡訊息無誤，點選「取簡訊驗證碼」。（註：各家銀行網路刷卡驗證服務的設定各有不同，須依實際顯示的內容進行設定。）

❸輸入收到的簡訊驗證碼。

❹確認無誤後，點選「確定」。

06

畫面顯示卡片授權成功，信用卡設定完成，點選「確認」後，進行付款密碼設定。

07

❶設定付款密碼。（註：此密碼將用於交易付款時，請務必熟記。）

❷再次輸入付款密碼，系統以此確認用戶設定的密碼無誤。

❸輸入電子信箱，將可以收到交易相關通知的信件。

❹再次輸入電子信箱，系統以此核對用戶設定的電子信箱。

❺確認無誤，點選「確認」後，街口支付註冊完成。

街口支付綁定信用卡

　　街口 APP 以綁定信用卡的方式付款，除了註冊時預設的信用卡之外，也可以自由增減綁定的信用卡，方便在行動支付時，選擇合適的信用卡，以獲得刷卡的優惠折扣或紅利回饋。

Step　填寫卡片資料

01

進入街口 APP，點選右下角的「我的」。

02

在「我的」頁面中，點選「信用卡設定」。

03

點選「新增／編輯信用卡」。

04

❶ 輸入付款密碼。

❷ 確認無誤後，點選「確認」。

05

進入信用卡列表，系統顯示已有註冊時設定的卡片，點選右上角的「＋」，即可新增信用卡。

06

❶ 輸入信用卡卡號。

❷ 點選信用卡有效日期。

❸ 確認無誤後，點選「確認」。

07

❶ 系統為了驗證信用卡的有效性，將會試刷 2 元，但不會實際扣款，所以無須支付任何費用。

❷ 確認刷卡訊息和手機號碼無誤，點選「確定」，接收簡訊 OTP 密碼。（註：各家銀行網路刷卡驗證服務的設定各有不同，須依實際顯示的內容進行設定。）

❸ 若手機號碼不正確，或申辦信用卡時未填寫，點選「手機號碼錯誤」，並找發卡銀行協助處理。

08

❶ 輸入收到的簡訊 OTP 密碼。

❷ 確認無誤後，點選「確定」。

09

畫面顯示卡片授權成功，點選「確認」。

10

❶ 信用卡綁定完成。

❷ 可選擇是否要設為預設付款信用卡。

街口支付介面說明

　　開通街口支付的帳戶後，即可使用街口 APP 的掃描條碼或出示付款碼，在消費購物時快速完成付款事項，除此之外，街口 APP 還提供其他服務的選項，以下將說明這些選項的功用。

主選單說明

❶ 首頁　　內有掃描條碼、出示付款條碼、我的票券和最新優惠資訊等，提供用戶有關消費付款的功能選項。

❷ 探索　　內有合作商店的名單、商店資訊和優惠方案，提供用戶快速查詢消費購物的地點和方式。

❸ 我的　　內有個人基本資料、消費記錄、信用卡設定、商家評價、線上點餐資訊等，提供用戶有關帳戶資訊的設定和個人化的服務內容。

首頁說明

❶ 掃 描 條 碼　　以掃描 QR Code 的方式進行付款。

❷ 出示付款碼　　以出示 QR Code 的方式進行付款。

❸ 我 的 票 券　　收納已領取或已購買的街口支付優惠票券。

❹ 高 額 回 饋　　查詢回饋街口幣 5% 起的商店名單。

❺ 叫 車 付 款　　提供線上叫車和街口 APP 支付款項的服務。

❻ 美 食 外 送　　查詢提供線上點餐和外送服務的商店名單。

❼ 支 付 說 明　　付款方式的圖文教學導覽。

❽ 通　　　　知　　可以得知優惠活動、系統更新、重要公告或帳戶資料更新等訊息。

❾ 動　態　牆　　根據用戶的收藏和消費記錄，顯示商店的最新動態和優惠資訊，以提供個人化的商店訊息牆。

◉ 探索頁面說明

探索　可以依個人需求選擇商店類型，選擇附近的合作商店，也可直接輸入商店名稱進行查詢，瞭解商店的資訊、最新動態和優惠方案。

◉ 我的頁面說明

❶用戶資料　顯示用戶的基本資料，內有設定頭像、暱稱、電子信箱、常用地址等功能選項。

❷街　口　幣　使用街口APP付款或參與活動，即可累積街口幣，街口幣可用於折抵消費金額。

❸消費記錄　查詢各種消費類型的交易明細，以掌控資金動向。

❹信用卡設定　可以依個人需求，增減綁定的信用卡。

❺評　　價　以街口APP支付款項，即可參與商家的評價活動。

❻收　　藏　可以依個人需求收藏喜愛或常消費的商店，方便快速查詢的商店資訊。

❼我的餐飲　顯示透過街口APP完成的點餐、送餐、訂位或候位等動態資訊。

❽登　　出　可登出街口APP。

❾設　　定　設定街口APP的推播功能，瞭解街口的使用說明、服務條款、隱私政策等資訊。

⚓ GOMAJI Pay 的開通辦法

GOMAJI Pay 與多家餐飲業者簽訂合作，用戶只要下載安裝 APP，就可以使用美食地圖，快速查詢在地美食，或是先在線上完成點餐，以節省找餐廳或排隊等餐的時間，若是完成註冊，並且綁定付款所須的信用卡，即可使用行動支付，享有特約餐廳的優惠折扣，讓手機成為用戶的美食會員卡。

▌註冊 GOMAJI Pay 帳戶

GOMAJI Pay 不需要註冊就可以使用美食地圖的功能，方便用戶搜尋附近與 GOMAJI Pay 合作的美食餐廳，若要使用 GOMAJI Pay 付款，就必須註冊 GOMAJI Pay 的帳戶。

Step 01 　下載安裝 GOMAJI Pay

◎ iOS 手機

01
點選「App Store」。

02
點選右下方的「搜尋」。

03
❶在「搜尋」位置輸入「gomaji pay」。
❷點選「Search」，即會進入下載頁面。

05

❶ 點選「安裝」，系統顯示需要輸入 Apple ID 的密碼。

❷ 輸入 Apple ID 密碼，並點選「好」，等待下載完成。

04

點選「取得」，進行下一步。

06

點選「開啟」，進入 GOMAJI Pay 應用程式。

◎ Android 手機

01

點選「Play 商店」。

02

點選上方的搜尋列。

03

❶ 在「搜尋」位置輸入「GOMAJI Pay」。

❷ 點選「Q」進行搜尋。

04

點選「GOMAJI Pay 手機付款會員卡」，
進入安裝頁面。

05

點選「安裝」。（註：可以先閱讀頁面的
介紹瞭解 GOMAJI Pay 的功能，再進行下
載安裝。）

06

點選「接受」，等待下載安裝完成。

07

點選「開啟」，進入 GOMAJI Pay 應用
程式。

01

❶ 若有優惠碼者，可以點
　選「輸入優惠碼」。

❷ 沒有優惠碼者，可以點
　選「略過」，直接進入
　首頁。

02

❶ 進入 GOMAJI Pay 的
　首頁，就可以點選「找
　餐廳」或「叫外送」，
　搜尋附近的特約餐廳
　或線上點餐外送。

❷ 點選「條碼付款」或
　「掃描付款」，進入
　註冊流程。

03

❶ 輸入手機號碼。

❷ 可以點選「服務條款
　及隱私權政策」瞭解
　詳細內容。

❸ 確認無誤後，點選「同
　意條款並驗證號碼」。

04

❶ 輸入收到的簡訊驗證
　碼。

❷ 輸入完成後，點選「驗
　證」。

05

❶ 輸入信用卡卡號。

❷ 輸入信用卡有效日期。

❸ 輸入完成後，點選「送
　出」。

06

❶ 輸入信用卡背面末三
　碼。

❷ 確認無誤後，點選「確
　認」。（註：設定信用
　卡後，系統將會進行試
　刷，以驗證卡片的有
　效性，無須支付任何費
　用。）

07

❶ 系統提醒日後在出示條碼付款時，必須先輸入密碼，才可進行付款，建議點選「立即設定」，完成密碼設定。

❷ 若點選「暫時不用」，在交易付款前，必須前往 GOMAJI Pay 的「設定」開啟密碼保護。

08

設定密碼，為四位數字，輸入完成後，即完成 GOMAJI Pay 註冊。

▌GOMAJI Pay 綁定信用卡

　　GOMAJI Pay 是以信用卡作為付款方式，因此在使用行動支付功能前，必須先綁定信用卡，才能支付款項。

Step	填寫卡片資料

01

開啟 GOMAJI Pay APP，任意點選「找餐廳」或「叫外送」。

02

❶ 點入左上角的「≡」，左側顯示選單。

❷ 在左側選單中，往下點選「設定」。

03

點選「設定信用卡」。

04

❶輸入信用卡卡號。

❷輸入信用卡有效日期。

❸確認無誤後,點選「送出」。

05

❶輸入信用卡背面末三碼。

❷確認無誤後,點選「確認」。(註:系
統為了驗證信用卡的有效性,將會試刷1
元,但不會實際扣款,所以無須支付任何
費用。)

06

信用卡綁定完成。

▌GOMAJI Pay 介面說明

　　GOMAJI Pay 除了提供用戶掃描付款、美食地圖、線上點餐等功能服務之外，也提供其他服務的選項，讓手機不只可以行動支付，還能成為用戶的美食會員卡，以下將說明 GOMAJI Pay 中各種選項的功用。

◉ 主畫面說明

❶ 找 餐 廳　　顯示用戶附近的合作商店，提供查詢商店資訊和線上點餐的功能服務，也提供美食地圖，方便用戶以地圖的方式找尋合作商店的所在位置。

❷ 叫 外 送　　顯示用戶附近有提供外送服務的合作商店，即可透過 GOMAJI Pay 進行線上點餐，享有優惠折扣。

❸ 條碼付款　　以出示 QR Code 的方式進行付款。

❹ 掃描付款　　以掃描 QR Code 的方式進行付款。

◉ 主選單說明

❶ ≡　　　　　開啟左側的主選單，顯示我的收藏、消費記錄、通知中心、設定和常見問題等功能選項。

❷ 點　　　數　　可以透過參與特定活動獲得點數，點數可於特約餐廳消費時進行折抵。

❸ 找　餐　廳　　返回找餐廳的頁面。

❹ 叫　外　送　　返回叫外送的頁面。

❺ 我 的 收 藏　　可以依個人需求收藏喜愛或常消費的商店，方便快速查詢的商店資訊。

❻ 我的優惠券　　收納 GOMAJI Pay 合作商店的優惠券。

❼ 消 費 記 錄　　查詢各種消費類型的交易明細，以掌控資金動向。

❽ 通 知 中 心　　可以得知官方最新活動資訊、商店優惠訊息、系統更新、重要公告或帳戶資料更新等訊息。

❾ 分　　　享　　可以邀請親友加入 GOMAJI Pay 的使用行列。

❿ 優　惠　碼　　輸入合作商店的優惠碼，即可在結帳時折抵消費金額。

⓫ 設　　　定　　增減綁定的信用卡，設定付款密碼，以及開啟或停止優惠活動通知的功能。

⓬ 常 見 問 題　　瞭解 GOMAJI Pay 常見的使用問題和解決辦法。

🎁 t wallet+ 的開通辦法

由臺灣支付提供的行動支付平台，採用手機信用卡的支付模式，分別推出兩款 APP，其中「t wallet+」是以 HCE 的技術，讓用戶不需要更換成 NFC SIM 卡，也不需要向銀行申辦 NFC 手機信用卡或行動金融卡，就可以綁定多家合作銀行發行的信用卡，出門在外即可多卡隨身，輕鬆購物消費。（註：因 iPhone 手機的 NFC 功能晶片目前不開放給第三方支付應用，所以 iOS 版只能安裝 t wallet APP，且需要向銀行申辦「外掛式裝置 oti WAVE 嗶嗶熊」才能使用。）

▌註冊 t wallet+ 帳戶

t wallet+ 只適用於手機版本為 Android 5.0（含）以上，且內建具備 NFC 功能晶片的手機，才能在特約商店消費時，透過匹配的感應式讀卡器，完成感應付款。（註：具備 NFC 功能晶片的手機可以參考附錄「具備 NFC 功能晶片的手機」P.247。）

| Step 01 | 下載安裝 t wallet+ |

01

點選「Play 商店」。

02

點選上方的搜尋列。

03

❶ 在「搜尋」的位置輸入「t wallet+」。

❷ 點選「Q」進行搜尋。

04

❶ 點選「t wallet+ 行動
支付」，進行安裝。

❷ 若點選下載「t wallet
行動支付」，需要至
銀行申辦 NFC 手機信
用卡，才能使用。

05

點選「安裝」，並等待
下載安裝完成。（註：
可以先閱讀頁面的介紹瞭
解 t wallet+ 的功能，再
進行下載安裝。）

06

點選「開啟」，以進入
t wallet+ 應用程式。

Step 02　　驗證手機號碼

01

進入 t wallet+ APP，點選「新註冊」。

02

❶ 閱讀 t wallet+ 的服務條款，瞭解個人
權益，以及使用的注意事項。

❷ 同意條款內容，勾選「我已閱讀並同意
使用條款」。（註：若不勾選，將無法
進行下一步。）

❸ 確認無誤後，點選「同意」。

03

❶因介面上已有台灣國際區碼 886，所以輸入台灣手機號碼時，須刪除開頭 0，共輸入 9 碼。

❷輸入暱稱，可以依個人喜好自由命名。

❸確認無誤後，點選「下一步」。

04

❶輸入收到的簡訊驗證碼。

❷確認無誤後，點選「確認」。

05

❶點選「你的出生地在哪」的選單，畫面顯示問題選項。

❷在問題選項中，依個人需求選擇問題。

❸輸入問題的答案。

❹確認無誤後，點選「下一步」。

06

❶重複步驟 5，依序設定三個安全提示問答。

❷確認無誤後，點選「下一步」。（註：忘記密碼時，系統將會顯示註冊時設定的安全提示問題，請務必記得問題和答案。）

07

❶ 設定密碼，至少六位數字。（註：此密碼用於交易付款時，請務必熟記。）

❷ 再次輸入密碼，系統以此確認用戶設定的密碼無誤。

❸ 確認無誤後，點選「確認」，t wallet+ 註冊完成。

▌t wallet+ 綁定信用卡

t wallet+ 不同於其他款行動支付，在付款時以手機內建 NFC 功能晶片與匹配的感應式讀卡機，進行非接觸型支付，因此可以綁定的信用卡須與 NFC 功能晶片匹配，而 t wallet+ 採用 HCB 手機信用卡，所以只要用戶的手機能夠上網，就不需要再更換手機 SIM 卡，或是申辦其他輔助裝置，即可使用 t wallet+ 進行刷卡消費。（註：t wallet+ 適用的信用卡可至官網查詢「合作銀行」，或在手機 APP「新增卡片」中查詢。）

Step 01	開啟綁定頁面

01

進入 t wallet+ APP，點選「新增卡片」。

02

❶ 畫面顯示合作銀行的選單，可以依個人需求選擇以「掃描卡片」或「手動輸入」方式輸入卡號，進行信用卡的綁定。

❷ 若想先瞭解合作銀行可綁定的卡片類型，可以點選銀行，再進行綁定信用卡。

◎掃描卡片

01

❶點選「掃描卡片」。

❷系統提醒是否啟用手機拍攝功能，可以依個人需求點選。

   a. 點選「允許」，可以掃描信用卡。

   b. 點選「拒絕」，將不能掃描信用卡，且無法進行下一步。

02

進入掃描模式，將掃描區塊的邊框對齊信用卡的邊緣，掃描成功後，畫面自動進入「Step3 申請綁定信用卡」。（註：只有晶片和卡號為立體形式的信用卡可以進行掃描。）

◎手動輸入

01

點選「手動輸入」。

02

❶進入信用卡資料頁面，輸入信用卡卡號。

❷輸入信用卡有效日期。

❸確認無誤後，點選「完成」。

01

畫面顯示信用卡資料，確認要綁定此張信用卡後，點選「下一步」。

02

❶閱讀信用卡的服務條款，瞭解個人的權益，以及使用的注意事項。

❷同意條款內容後，勾選「我已閱讀並同意使用條款」。（註：若不勾選，將無法進行下一步。）

❸確認無誤後，點選「同意」。

03

❶輸入信用卡背面末三碼。

❷確認無誤後，點選「下一步」。

04

❶輸入持卡人身分證後四碼。

❷輸入持卡人出生月日，格式為 MMDD。

❸確認無誤後，點選「確定」。

05

❶畫面顯示申請成功，發卡銀行將傳送下
　載驗證碼，點選「確認」，進行信用卡
　綁定。（註：在收到下載通知的 30 天內，
　前往「卡片管理」完成卡片下載，否則將
　無法使用此卡，須重新申請。）

06

❶收到發卡銀行的簡訊通知後，點選「下
　載」。

❷若想要確認信用卡資料，可以點入
　「ⓘ」，進行確認。

07

❶輸入收到的簡訊驗證碼。

❷確認無誤後，點選「確認」。

08

信用卡綁定完成。

t wallet+ 介面說明

　　t wallet+ 屬於手機信用卡，因此到實體商店購物消費時，不需要掃描條碼或出示條碼，只要選定付款卡片，將手機靠近匹配的感應式讀卡機，立刻完成付款。除了付款功能外，t wallet+ 還提供其他的功能選項，以下將說明這些功能選項的功用。

主畫面說明

❶新增卡片　查詢合作銀行的名單，瞭解可綁定的卡片類型。

❷交易記錄　查詢每筆交易明細，以掌控 t wallet+ 的資金動向。

❸優惠通知　得知 t wallet+ 的優惠相關訊息，其他還有重要通知和個人通知等訊息內容。

❹卡片管理　增減綁定的信用卡，以及查看綁定卡片的資料。

❺≡　　　　開啟左側的主選單，顯示 t wallet+ 所有功能選項，如個人資料、登出時間、常見問題等。

主選單說明

❶用戶資訊　顯示用戶的基本資料，如手機號碼、暱稱等。

❷主　畫　面　回到 t wallet+ 的主畫面。

❸登　　出　可登出 t wallet+ APP。

❹卡片管理　變更主要卡片，查看卡片資料。

❺交易記錄　確認每筆交易明細，確認付款金額。

❻新增卡片　綁定信用卡，查詢合作銀行。

❼優惠通知　可以得知 t wallet+ 相關服務的優惠活動訊息。

❽重要通知　可以得知系統的重要更新或公告事項。

❾個人通知　可以得知設定或變更的項目內容，如註冊帳戶、申請銀行卡片和綁定信用卡等。

❿個人資料　修改密碼、手機號碼、電子信箱、安全提示問和暱稱等資料。

⓫登出時間　核對使用時間，確認是否被盜用。

⓬常見問題　瞭解註冊、使用或交易等相關問題的解決辦法，若仍無法解決使用上的問題，也可以直接向客服人員尋求協助。

⓭關　　於　有關 t wallet+ APP 系統版本、服務內容等資訊。

開通國際的
行動支付

Activating mobile payment of
international

行動支付的開通方法
Activating mobile payment

在 數位經濟時代下，消費者和商家可以不受時間地點限制，利用網際網路完成線上交易；然而雙方都不免因為不是實體交易，而擔心無法銀貨兩訖，若是透過第三方支付平台就可以解決這樣的困擾，讓消費者和商家可以安心付款和發貨，並且確保交易的權益。

如今第三方支付業者開發支付平台 APP，將行動支付的服務業務向國際發展，讓消費者出門在外，不論是在國內或國外，只要攜帶手機到支付平台的合作商店，就可以使用手機支付款項，也就不需要攜帶現金或信用卡，而商家也不需要找零錢或操作刷卡機，消費者和商家都可以藉由行動支付快速完成收付款，體驗行動支付帶來的便捷性。

🎁 PayPal 的開通辦法

PayPal 是遍布全球的第三方支付平台，長期提供用戶線上支付的服務，如今 PayPal 的支付情境不再只有網路購物，也陸續可以在合作的實體商店使用 PayPal APP 快速完成交易。但在台灣由於法規的因素，PayPal 目前不再提供台灣地區境內交易的服務，也不提供手機 APP 的下載使用，但台灣民眾仍可以在官方網站註冊帳戶，進行跨國的消費付款。

註冊 PayPal 帳戶

PayPal 讓用戶不需要設定帳號，就可以使用電子信箱完成註冊，並且以電子信箱作為帳號，讓用戶每次消費都能立即收到交易明細的信件通知，隨時隨地掌控帳戶資金的動向，防止被盜用。

Step 01	註冊帳號

01　❶輸入 PayPal 官網網址：www.paypal.com。

❷沒有 PayPal 帳號者，可以點選「註冊」，進行註冊。

❸若已有 PayPal 帳號者，可以直接點選「登入」，開始使用。

02　進入註冊頁面，畫面提供兩種註冊選項，可以依個人需求點選。

a. 須線上購物付款的用戶，可點選左側的「立即註冊」，註冊成為 PayPal 的買家。

b. 需要接收交易款項的用戶，不論是個人或商家，都可以點選右側的「立即註冊」，註冊成為 PayPal 的賣家。

（註：商業帳戶的註冊方法，可以參考附錄「商家應用」P.264。）

03

①選擇註冊付款帳戶後，進入個人帳戶的註冊頁面，確認國籍為「台灣」。（註：系統預設為「台灣」，若是其他國籍，可以點選選單，選擇所屬的國家選項。）

②輸入電子信箱，PayPal 將以此電子信箱作為帳號。

③設定密碼，由英文字母、數字或符號組合，至少八位字元。

④再次輸入密碼，系統以此確認用戶設定的密碼。

⑤確認無誤後，點選「繼續」。

04

①輸入姓氏和名字。

②以西元格式，輸入出生年月日，如 19110101。

③輸入通訊地址的郵遞區號和詳細地址，若不只有一個地址，可以在「地址行 2」輸入。（註：系統將預設此地址為帳單寄送的地點，若不想帳單寄至此地，可以在設定信用卡時更改地址。）

④因為系統已預設台灣國際區碼 886，在輸入手機號碼時，須刪除開頭 0，共輸入 9 碼。（註：若想使用市話，可以點選「行動電話」換成「住家電話」。）

⑤勾選「按一下下面的按鈕之後，即表示我同意遵守 PayPal 的用戶同意書與隱私權政策」。（註：若不勾選，將無法進行下一步。）

⑥可以點入「用戶同意書」瞭解詳細內容。

⑦可以點入「隱私權政策」瞭解詳細內容。

⑧確認無誤後，點選「同意並建立帳戶」。

05

①輸入信用卡卡號。

②輸入信用卡有效日期。

③輸入信用卡背面末三碼。

④確認帳單寄送的地址。

⑤若想更改帳單寄送的地址，可以點選「編輯」進行更改。

⑥若還不想設定信用卡，或是沒有信用卡，可以點選「稍後再進行」。

⑦確認無誤後，點選「連接卡片」。

06 PayPal 註冊完成。

Step 02 登入 PayPal

01 ❶ 輸入 PayPal 官網網址：www.paypal.com。
❷ 點選「登入」。

02

❶ 輸入註冊的電子信箱。

❷ 輸入密碼。

❸ 確認無誤後，點選「登入」。

❹ 若登入失敗或忘記密碼，可以點選「無法登入？」，PayPal 將會協助處理。

PayPal 電子信箱驗證

　　PayPal 是以電子信箱作為帳號，因此註冊完成後，必須前往註冊的電子信箱接收「歡迎使用 PayPal！立即啟用你的帳戶」的信件，以通過電子信箱的驗證，通過驗證後才可以使用 PayPal 的線上收付款功能。若是註冊完成後，沒有立即驗證電子信箱，可以進行以下步驟啟用 PayPal 帳戶。

01 登入完成後，畫面顯示尚未完成電子信箱的確認，點選「確認電子郵件」。（註：登入方法請參考 P.217。）

02 ❶點選「傳送電子郵件」，系統將會發送啟用帳戶的驗證信件至註冊時填寫的電子信箱。

❷畫面顯示已發送電子郵件，用戶須前往電子信箱接收驗證信件。

03 ❶進入電子信箱後，點選「啟用你的 PayPal 帳戶」的信件。

❷開啟信件後，點選「按一下以啟用帳戶」。

04 ❶進入 PayPal 的登入頁面，系統已預先輸入帳號，用戶只須確認帳號無誤。（註：
PayPal 的帳號就是註冊時的電子信箱。）

❷輸入密碼。

❸確認無誤後，點選「登入」。

❹若登入失敗或忘記密碼，可以點選「無法登入？」，PayPal 將會協助處理。

05 登入完成後，畫面自動進入會員專區，電子信箱驗證完成。

PayPal 綁定信用卡

PayPal 帳戶註冊完成後，除了註冊時已綁定的信用卡外，還可以依個人需求增減綁定的信用卡，讓用戶可以綁定多張信用卡，並且在消費付款時，可以快速選擇合適的信用卡，以便配合刷卡的優惠方案，獲得紅利回饋或優惠折扣，體驗線上支付的便利性。（註：台灣用戶目前無法使用 PayPal 的帳戶餘額進行付款，因此也無法利用信用卡或銀行帳戶為 PayPal 帳戶儲值，但可以使用信用卡支付款項。）

01 登入後，畫面自動進入會員專區，點選「錢包」。（註：登入方法請參考 P.217。）

02 ❶進入錢包頁面，點選「連結信用卡／扣帳卡」。（註：扣帳卡 Debit Card，在台灣是指以銀行帳戶直接扣款的「金融卡」。）

　　❷若有美國銀行帳戶，可以點入「連結銀行帳戶」，以接收交易款項。

　　❸若有玉山銀行帳戶，可以點入「提領交易款項到玉山銀行帳戶」瞭解提款辦法。

03 ❶點選「信用卡類型」的選單。

❷點選本人持有的信用卡類型。

❸輸入信用卡卡號。

❹輸入信用卡有效日期。

❺輸入信用卡背面末三碼。

❻確認帳單寄送的地址。

❼若想更改地址,可以點選「地址」的選單,選擇其他地址或新增地址。

❽確認無誤後,點選「儲存」。

04 信用卡綁定完成。

🎁 Apple Pay 的開通辦法

Apple 手機廠商開發的行動支付功能，讓消費者只須持有與 Apple Pay 相容的 Apple 裝置，並更新系統版本和綁定合作銀行發行的信用卡或金融卡，就可以在網路或實體的合作商店，以 Apple Pay 快速結帳，而且因為 Apple Pay 主要以 Touch ID 進行指紋辨識確認付款者身分，所以不需要再輸入付款密碼，相較於其他行動支付顯得更快速。

▌啟動 Apple Pay 功能

Apple Pay 是 Apple 裝置內建的支付功能，因此不需要額外下載安裝應用程式，也不需要註冊帳戶，只需要確認持有的 Apple 裝置可以使用 Apple Pay，並且將系統更新至最新版本（手機目前為 iOS 10.3.1），即可開始使用 Apple Pay。（註：Apple Pay 可用的手機型號有 iPhone 7、iPhone 7 Plus、iPhone 6s、iPhone 6s Plus、iPhone 6、iPhone 6 Plus、iPhone SE 等，其他裝置可參考 P.243，或至官方網站查詢。）

Step 01 ＼ 更新系統版本

01
點選「設定」。

02
點選「一般」。

03
在一般頁面中，點選「軟體更新」。

04

畫面顯示正在檢查更新
項目，等待檢查完成。

05

❶ 點選「下載並安裝」。
（註：需要在連結 Wi-Fi
網路的情況下才可以進
行更新。）

❷ 可以點入「更多內容」
瞭解詳細內容後，再
進行下載並安裝。

06

輸入 Apple 的解鎖密碼。

07

❶ 閱讀條款與約定的內容。

❷ 閱讀完內容後，是否同意條款與約定，可以
依個人需求點選。

　a. 點選「同意」，將可以進行下一步。

　b. 點選「不同意」，將不會進行更新且回到
　　軟體更新頁面。

❸ 若想保存條款與約定的資料，可以點入「以
電子郵件傳送」。

❹ 輸入電子信箱，將會收到條款與約定的內容
資料。

❺ 確定無誤後，點選「傳送」。

08

點選同意後，系統確認是否同意條款和約
定內容，可以依個人需求點選。

a. 點選「同意」，將會開始更新系統版本。

b. 點選「取消」，將不會進行更新且回到
條款與約定的頁面。

09

畫面顯示系統正在下載，等待下載完成。

10

下載完成後，畫面顯示
正在驗證更新項目，等
待更新完成。

11

系統更新完成後，輸入
Apple 的解鎖密碼。

12

❶ 系統顯示更新完成。

❷ 點選「繼續」，啟動
更新版本的 iPhone。

13

❶ 輸入 Apple ID 的密碼。

❷ 若忘記密碼,可以點選「忘記密碼?」,Apple 系統將協助處理。

❸ 若不想輸入密碼,可以點選「略過此步驟」,將不會進入 Apple Pay 的設定畫面。(註:若之後想設定 Apple Pay 可以在 「Wallet」,或是在「設定」中的「Wallet 與 Apple Pay」,進行 設定。)

❹ 確認無誤後,點選右上角的「下一步」,系統更新完成。(註: 系統會直接進入 Apple Pay 的設定畫面。)

Step 02　啟動 Apple Pay 功能

01

❶ 進入 Apple Pay 的設定頁面,點選右上角的「下一步」。

❷ 可以點入下方的「關於 Apple Pay 與隱私權…」瞭解詳細內容。

02

❶ 畫面顯示 iTunes 或 App Store 已綁定信用卡。

❷ 若此信用卡為 Apple Pay 合作銀行發行的卡片,可以直接輸入 信用卡背面末三碼(安全碼)。(註:目前 Apple Pay 的合作銀 行有「國泰、中信、玉山、渣打、富邦、台新、聯邦」等銀行,但 並非銀行發行的所有卡片都適用。)

❸ 若想綁定其他信用卡,可以點選「加入其他卡片」。

❹ 若還不想綁定信用卡,可以點選「稍後從 Wallet 設定」。

03

❶進入加入卡片的頁面,將信用卡放在畫面的方框中進行掃描,掃描成功後,畫面會顯示卡號並自動進入下一步。(註:掃描前,須確認持有的信用卡或金融卡上有「)))」感應圖示,因為 Apple Pay 是以感應卡片的方式取用卡片資料。)

❷若想以手動的方式輸入,可點選下方的「手動輸入卡片詳細資訊」。

04

❶核對信用卡卡號。

❷輸入信用卡的英文名字。(註:必須與信用卡上英文名字的相同。)

❸確認無誤後,點選右上角的「下一步」。

05

❶輸入信用卡有效日期。

❷輸入信用卡背面末三碼(安全碼)。

❸確認無誤後,點選右上角的「下一步」。

06

畫面顯示正在聯絡發卡銀行，等待聯絡完成。

07

❶ 閱讀發卡銀行與 Apple Pay 的條款和條件，以瞭解個人權益和注意事項。

❷ 閱讀完後，是否同意條款和條件，可以依個人需求點選。

　a. 點選「同意」，系統將會綁定此信用卡，作為 Apple Pay 付款使用。

　b. 點選「不同意」，將不會進行綁定。

08

點選同意後，畫面顯示正在將輸入的信用卡資料設定於 Apple Pay，等待設定完成。

09

❶ 系統詢問是否將 iPhone 和 iCloud 帳號使用狀況和資料分享給 Apple，以協助改進產品和服務，可以依個人需求點選。

　a. 點選「與 Apple 分享」，系統將會自動傳送使用資料給 Apple。

　b. 點選「不分享」，系統將不會分享使用資料給 Apple。

❷ 可點入「關於分析與隱私權」瞭解內容。

10

點選「開始使用」，就
可開始使用更新版本後
的 iPhone。

11

進入 iPhone 鎖定畫面，
點選手機 Home 鍵，進
行解鎖。

12

點選「Wallet」。

13

❶畫面顯示需要進行卡片驗證，點選「聯絡 玉山銀行 E.SUN BANK」，系統將會自動撥通
電話號碼，以聯絡發卡銀行進行驗證。（註：根據信用卡發卡的銀行，會顯示不同銀行的聯
絡資訊。）

❷若想以其他方式進行驗證，可以點入「選取其他驗證選項」。

❸可以依個人需求點選驗證卡片的方式。（註：實際選項會依各家銀行而有不同。）

❹選擇驗證方式後，點選右上角的「下一步」。

14

Apple Pay 啟動完成。（註：Apple Pay 目前只能綁定 8 張信用卡，若想解除綁定的信用卡，可以在「設定」中的「Wallet 與 Apple Pay」，進行設定。）

▌Apple Pay 綁定信用卡

　　Apple Pay 採用手機信用卡的支付模式，所以不論在網路或實體商店消費，都是以綁定的信用卡支付款項，因此在開始使用 Apple Pay 購物消費前，必須先完成信用卡的綁定，才可以體驗 Apple Pay 為生活帶來的便利性。（註：目前與 Apple Pay 合作的銀行有「國泰、中信、玉山、渣打、富邦、台新、聯邦」等，但並非這些銀行發行的所有卡片類型都適用，因此需要向發卡銀行確認。）

Step 01　開啟 Apple Pay

◎ Wallet

01

點選「Wallet」。

02

點選「加入信用卡或金融卡」。

03

進入 Apple Pay。

◎ Wallet 與 Apple Pay

01

點選「設定」。

02

在設定頁面中，往下點選「Wallet 與 Apple Pay」。

03

點選「加入信用卡或金融卡」。

04

進入 Apple Pay。

Step 02 　輸入卡號

❶進入 Apple Pay 的設定頁面，點選右上角的「下一步」。

❷可以點入下方的「關於 Apple Pay 與隱私權…」瞭解詳細內容

◎掃描卡片

01

將信用卡放在畫面的方框中進行掃描,掃描成功後,畫面會顯示卡號並自動進入下一步。(註:掃描前,須確認持有的信用卡或金融卡上有「)))」感應圖示,因為 Apple Pay 是以感應卡片的方式取用卡片資料。)

02

❶ 核對信用卡卡號。

❷ 輸入信用卡上持卡人英文名字。

❸ 點選右上角的「下一步」,進入「Step3 填寫卡片資料」P.232。

❹ 若想更換信用卡或手動輸入,可以點選「<上一步」。

◎手動輸入

01

點選下方的「手動輸入卡片詳細資訊」。

02

❶ 輸入信用卡上持卡人英文名字。

❷ 輸入信用卡卡號。

❸ 確認無誤後,點選右上角的「下一步」。

❹ 若想更換信用卡或手動輸入,可以點選「<上一步」。

01

❶ 輸入信用卡有效日期。

❷ 輸入信用卡背面末三碼（安全碼）。

❸ 確認無誤後，點選右上角的「下一步」。

02

❶ 閱讀發卡銀行與 Apple Pay 的條款和條件內容，以瞭解個人權益和使用的注意事項。

❷ 閱讀完後，是否同意條款和條件，可以依個人需求點選。

　a. 點選「同意」，系統將會綁定此信用卡，作為 Apple Pay 付款使用。

　b. 點選「不同意」，將不會進行綁定。

03

點選同意後，畫面會顯示正在將用戶輸入的信用卡資料設定於 Apple Pay，等待設定完成。

◎簡訊驗證

01

❶畫面顯示須進行卡片驗證，點選「訊息」，系統將會傳送驗證碼的簡訊。（註：根據發卡銀行的規定，會顯示不同的驗證方式。）

❷確認無誤後，點選右上角的「下一步」。

02

❶輸入收到的簡訊驗證碼。

❷確認無誤後，點選「下一步」。

03

點選「完成」，信用卡綁定完成。

◎發卡銀行驗證

01

❶畫面顯示需要進行卡片驗證，點選「聯絡中國信託商業銀行」。（註：根據發卡銀行的規定，會顯示不同的驗證方式。）

❷點選右上角的「下一步」，系統將會自動撥通電話號碼，以聯絡發卡銀行進行驗證。

02

點選「完成」，信用卡綁定完成。

CHAPTER

06

附 錄

Appendix

Q&A 01

 行動支付相關問題

Question 01　行動支付綁定信用卡後，還可以解除綁定嗎？

可以。用戶可以在各家支付平台的信用卡管理頁面進行設定，但部分支付平台會要求至少保留一張信用卡。

Question 02　行動支付可以綁定多少張信用卡？

不一定，各家支付平台可以綁定的信用卡張數依各家的規定為主，詳情請至各家支付平台官網或手機 APP 查詢。

Question 03　第三方支付和電子支付提供的行動支付平台有什麼不同？

在台灣根據相關法規，行動支付可以分成第三方支付、電子票證與電子支付三種形式，其中第三方支付與電子支付的不同之處在於能否儲值或轉帳。

	第三方支付	電子票證	電子支付
主管機關	經濟部	金管會	金管會
法規	信用卡收單機構簽訂「提供網路交易代收代付服務平台業者」為特約商店自律規範	《電子票證發行管理條例》	《電子支付機構管理條例》
最低實收資本額	無規定	三億	五億
最高儲值金額	不得儲值	一萬	五萬

Question 04 進行中國行動支付實名認證時,為什麼輸入正確的姓名,系統卻顯示錯誤?

進行中國實名認證時,因應中國資料庫的檔案字體,必須輸入簡體中文,才能核實資料,所以若輸入繁體中文系統有可能顯示錯誤,輸入簡體中文的方法,可以參考附錄「簡體中文輸入法的設定方法」P.250。

Question 05 微信與 WeChat 有什麼不同?

微信 APP 的名稱會依手機系統設定的國家或地區而定,在中國地區名為「微信」,在中國境外地區名為「WeChat」,因此 WeChat 又稱作國際版微信。目前不提供非中國門號的用戶使用微信支付的功能,但可以參考「啟動微信支付功能」(P.91)的方法,讓 WeChat 也具備行動支付的功能。

Question 06 為什麼不能直接註冊財付通帳戶?

財付通為了提供用戶安全的交易環境,在註冊過程中要求用戶必須先通過實名認證,然而財付通的實名認證目前不提供非中國民眾申請,因此非中國民眾不能直接註冊財付通帳戶。

Question 07 如何註冊財付通的帳戶?

非中國民眾可使用已通過實名認證的 QQ 帳號登錄財付通,以此完成財付通帳戶的註冊。(註:財付通的註冊方法可參考「財付通的開通辦法」P.122。)

Question 08 為什麼開通財付通帳戶後,無法使用財付通 APP ?

財付通 APP 目前只提供中國民眾使用,雖然非中國民眾無法使用,但仍可在財付通官方網站或 QQ 錢包使用財付通中的帳戶餘額。

Question 09 支付寶可以綁定哪些銀行的銀行卡?

支付寶的合作銀行有中國工商銀行、中國農業銀行、中國建設銀行、招商銀行等,若想知道更多合作銀行名單請掃描「支付寶合作名單 QR Code」查詢。

支付寶合作名單
QR Code

❓ 實名認證相關問題

Question 01 落地簽證可以用於實名認證嗎？

　　落地簽證為一次性台胞證，編號為流水號，只有三個月的效期，因此不適用於申辦中國手機門號、中國銀行卡或開通中國行動支付的實名認證。

Question 02 可以使用紙本台胞證進行實名認證嗎？

　　可以，五年效期的台胞證是「一人一號，終身不變」，因此進行中國行動支付的實名認證時，可以使用紙本台胞證。

Question 03 哪些銀行卡可用於支付平台的實名認證？

　　由於各家支付平台的合作銀行不同，請至各家支付平台官網或手機 APP 查詢合作銀行，或是在申辦銀行卡時詢問行員。

❓ 台胞證相關問題

Question 01 為什麼一定要有台胞證？

　　啟用中國行動支付的付款功能，以及申辦中國手機門號和中國銀行卡時，都需要通過實名認證，而台灣民眾在中國被認可的身分證件為台胞證。

Question 02 如何將紙本台胞證換成卡式台胞證？

　　紙本台胞證更換方法與新辦方式相同，但若是紙本台胞證尚未過期，必須在申請表上附上影本才可更換成卡式台胞證。

Question 03 紙本台胞證換成卡式台胞證需要多少費用？

　　紙本台胞證換卡式台胞證的費用，部分旅行社會以新辦價格收費，但實際情況依各家旅行社的規定。

台胞證過期會有什麼影響？

　　一般來說，五年效期的台胞證是「一人一號，終身不變」，因此台胞證若是過期，只會影響出入境。

Question 05 **香港或澳門任何一家中國旅行社都可以申辦台胞證嗎？**

　　並非任何一家中國旅行社都有提供申辦台胞證的服務，以下提供參考資訊，詳情請掃描香港或澳門中國旅行社官網 QR Code 查詢。

香港中國旅行社

◆中旅集團大廈證件服務中心

　🏠 香港幹諾道中 78-83 號中旅集團大廈 2 樓

　📞 2998-7888

　🕐 星期一至五 09:00-17:00
　　星期六 09:00-17:00
　　星期日及國定假日休息

◆旺角證件服務中心

　🏠 九龍旺角洗衣街 62-72 號得寶大廈 3 樓

　📞 2998-7888

　🕐 星期一至五 09:00-17:00
　　星期六 09:00-17:00
　　星期日及國定假日 09:00-13:00；14:00-17:00（註：假日不提供台胞證服務。）

香港中國旅行社官網
QR Code

澳門中國旅行社

◆總社

　🏠 澳門羅理基博士大馬路南光大廈一樓

　📞 00853-87998102

　🕐 9:00-17:00

◆澳門機場辦事處

　🏠 澳門機場入境大廳左側

　📞 00853-28861348

　🕐 10:00-18:00（全年 365 天營業）

澳門中國旅行社官網
QR Code

台胞證申辦費用與工作日？

◎ 在台灣找旅行社委託辦理

類別	工作日	費用
一般件	5～7 天	新台幣 1,300～1,900 元
急件	3 天內	新台幣 2,400～3,000 元

（註：上為「新辦」的費用，實際費用依照各家旅行社規定。）

◎ 到香港或澳門找中國旅行社辦理

類別	工作日	費用
一般件	4～7 天	港幣 240 元／澳門幣 247.6 元（約新台幣 970 元）
急件	3 天內	港幣 360 元／澳門幣 371.4 元（約新台幣 1,460 元）
特急件	1 天（中午以前申辦）	申辦詳情和費用請撥打電話或現場詢問服務人員。

Question 07　紙本台胞證和卡式台胞證的差異？

	卡式台胞證	紙本台胞證
形式	卡片式，方便攜帶使用。內嵌安全智慧晶片，多種數位防偽措施。	紙本式，體積較大，紙張容易受損。
期限	五年有效期限。	五年有效期限。（註：可以使用到有效日期為止，之後必須換成卡式台胞證。）
加簽	卡式台胞證在有效期限內，可以多次出入中國，並且落實取消台胞加簽，省下每次加簽費用。	自 2015 年 7 月 1 日起，持台胞證入境中國全面免辦加簽，因此紙本台胞證只要在有效期限內，就不須再支付加簽費用。
內容資料	1. 證件號碼為 8 碼。 2. 若是舊版換新，背面會加註說明。 3. 取消簽注區、職業欄、現住址。	1. 證件號碼 8～10 碼（前 8 碼為終身號碼，後 2 碼為證件版本號）。 2. 包含簽注區、職業欄、現住址。
功能	1. 出入中國使用。 2. 邊檢櫃台申辦通過，即可自助通關。 3. 可以先在網路購票，再到部分車站的自助機取票，省去排隊受理的時間。	1. 出入中國使用。 2. 邊檢櫃台申辦通過，即可自助通關。 3. 可以先在網路購票，再向人工售票窗口辦理。
備註	五年有效期限的台胞證，依照「一人一號，終身不變」的編制規則，只要是簽發給同一人，不論是卡式或紙本，證件號碼前 8 碼都相同。	

? 中國手機門號相關問題

Question 01　紙本台胞證可以申辦中國手機門號嗎？

　　紙本台胞證和卡式台胞證都可申辦中國手機門號，並建議在一般上班時間前往營業廳，以利於服務人員向中心驗證台胞證，提高申辦中國手機門號的效率。

Question 02　使用網路購買的中國門號會有什麼風險？

　　非電信業者所提供的中國門號都已通過實名認證，申辦人可以停用門號、移轉儲值金、調用通訊資料等，對於非申辦人的用戶在使用時就會有安全上的疑慮。

Question 03　在中國申辦的手機門號，為什麼回到台灣就無法使用？

　　手機門號若未開通國際漫遊的功能服務，就只能在申辦國家或地區使用，因此申辦手機門號時，請務必向服務人員提出開通國際漫遊的功能服務。（註：在中國手機門號若要在申辦地區以外的地區使用，也須請服務人員開通跨區通話的服務。）

Question 04　開通國際漫遊需要費用嗎？

　　開通中國手機門號的國際漫遊須付人民幣 200 ～ 1000 元的押金。（註：押金單據請務必妥善保管，之後若要取消國際漫遊，部分營業廳須有押金單據才可申請押金退款。）

? 中國銀行卡相關問題

Question 01　為什麼非中國人申辦信用卡容易失敗？

　　由於申辦中國信用卡需要提供財力證明和工作證明等文件，其發卡審核的制度較嚴格，因此建議辦理中國銀行發行的儲蓄卡，又稱金融卡。

Question 02　為什麼銀行卡申辦完成後，沒有拿到存摺簿？

　　在中國銀行業務電子化，民眾只須使用銀行卡即可辦理存款或提款事項，因此銀行不再提供存摺簿。

開通手機銀行有什麼好處？

下載並安裝中國銀行的手機銀行 APP，並完成手機銀行的開通流程後，就可以直接查詢帳戶的餘額和交易記錄，也可以轉帳至其他銀行或支付平台，甚至是貸款等（如下圖一）。

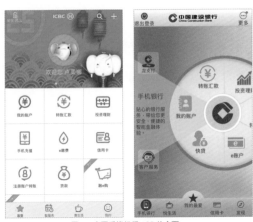

圖一·中國手機銀行 APP 的介面。

？ 其他問題

Question 01　Apple Pay 相容的 Apple 裝置？

裝置	iPhone	iPad	Apple Watch	Mac
可用情境	實體商店、網路商店（Safari 瀏覽網頁）、商店 APP	商店 APP、網路商店（Safari 瀏覽網頁）	商店 APP、實體商店	網路商店（Safari 瀏覽網頁）
機型	· iPhone 7 · iPhone 7 Plus · iPhone 6s · iPhone 6s Plus · iPhone 6 · iPhone 6 Plus · iPhone SE	· iPad（第 5 代） · iPad Pro（12.9 吋） · iPad Pro（9.7 吋） · iPad Air 2 · iPad mini 4 · iPad mini 3	· Apple Watch Series 2 · Apple Watch Series 1 · Apple Watch（第 1 代）	· MacBook Pro（具備 Touch ID） · Mac（2012 年或之後推出的機型） （註：須先於 iPhone 或 Apple Watch 啟動 Apple Pay。）

有哪些商店可以使用行動支付付款？

　　各家支付平台的合作商店多半會在結帳處或門口張貼告示（如下圖二），若是沒有告示，可以直接詢問店員，也可以查詢官網或手機 APP 的合作商店名單。

圖二‧合作商店的告示。

行動支付
相關的專有名詞
Proper nouns of mobile payment

▶ 電子商務

　　電子商務（Electronic Commerce，EC），簡稱電商，是指利用網際網路將傳統商務活動中各種環節電子化、網路化的過程。

▶ 電子錢包

　　是指電子商務活動中，利用網際網路和電子設備的技術，實現全球電子化交易和網路交易的一種支付工具。當電子錢包運用於行動裝置時，又可稱為「行動錢包」。

▶ 電子票證

　　在台灣根據金管會《電子票證發行管理條例》，是指以電子、磁力或光學形式將資金儲存在晶片、卡片、憑證或其他形式，作為支付用途的工具，如悠遊卡、icash和一卡通等。

▶ 電子支付業者

　　在台灣是指向金管會申請取得電子支付機構營業執照的第三方支付業者。由於金管會《電子支付機構管理條例》規定代收款項總額須超過一定額度，並且提供用戶註冊帳戶、儲值或移轉資金服務的業者，必須持有專營執照，才可以營運。

▶ 近場支付

　　是指需要將行動裝置靠近特定感應器或讀卡機，實際面對面完成的付款方式，如掃描 QR Code、NFC 手機信用卡或電子票證等。

▶遠端支付

　　是指不需要將行動裝置靠近任何感應器或讀卡機，就能利用網路完成的線上付款方式，如線上刷卡、網路銀行或電子錢包等。

▶第三方支付業者

　　在台灣是指經營「代理收付實質交易款項」的服務業者，其主管機關為經濟部，並且收付款項總額依《電子支付機構管理條例》規定有一定的額度。（註：關於第三方支付可參考 P.17。）

▶行動支付

　　又稱移動支付（Mobile Payment），是指消費者以行動裝置（智慧手機、平板電腦或穿戴裝置）為載具，將實體貨幣和信用卡虛擬化，讓行動裝置成為電子錢包，在付款時透過特定的傳輸技術或裝置，完成交易的支付方式。

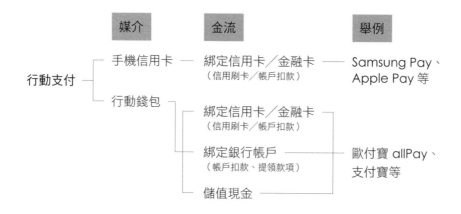

▶手機信用卡

　　運用手機內建 NFC 功能晶片，儲存銀行發行的信用卡資料，在交易時靠近匹配的感應式讀卡機，即可完成感應付款的支付模式。

▶ NFC

近場通訊（Near Field Communication，NFC），又稱近距離無線通訊，結合感應式讀卡器和感應式卡片等電子裝置，在短距離利用點對點進行資料傳輸的技術，如電子票證、門禁卡等。

▶ TSM

信託服務管理（Trusted Service Manager，TSM），是手機信用卡交易傳輸的模式之一。由於手機信用卡的應用涉及電信業者和金融業者的保密需求，因此需要由公正的第三方負責整合且控管交易資訊的安全，也需要用戶在行動裝置上加入安全元件晶片（如 NFC SIM 卡），以儲存實體卡片的金融資訊。

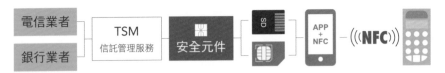

信託管理服務以安全元件（SD 卡和 NFC SIM 卡）整合電信業者和銀行業者的交易資訊，再透過行動裝置的支付平台 APP 和 NFC 功能晶片，進行非接觸型支付。

▶ HCE

主機板模擬（Host Card Emulation，HCE），是手機信用卡交易傳輸的模式之一。此項技術是結合行動裝置與雲端技術，將實體卡片的金融資訊儲存在雲端伺服器，當用戶使用手機信用卡支付時，手機直接透過雲端，產生一組虛擬卡號與金鑰等安全憑證資訊，以此取代安全元件晶片（如 NFC SIM 卡），簡化交易傳輸的流程。

第三方支付以 HCE 技術在雲端伺服器產生安全憑證資訊，再透過行動裝置的支付平台 APP 和 NFC 功能晶片，進行非接觸型支付。

具備NFC功能晶片的手機
Have NFC mobile phone

03

　　因手機製造商會根據不同的市場區域,對手機硬體配置做調整,所以同一款手機可能會有所差異,以下具備 NFC 功能的手機名單僅供參考,詳細資訊請洽手機製造商。

Samsung

機型	系統版本
Galaxy Core Prime LTE	5.0
Galaxy Grand Prime	5.1
Galaxy J	5.0
Galaxy A7	5.0
Galaxy A3 2016	5.1
Galaxy A5 2016	5.1
Galaxy A7 2016	5.1
Galaxy A8 2016	6.0
Galaxy A9 2016	5.1
Galaxy Alpha	5.0
Galaxy E5	5.0 ～ 5.1
Galaxy E7	5.0 ～ 5.1
Galaxy J2	5.1
Galaxy J3	5.1
Galaxy J5	5.1
Galaxy J5 2016	6.0
Galaxy J7 2016	6.0

機型	系統版本
Galaxy Neo	5.1
Galaxy Note 3	5.0
Galaxy Note 3 Neo	5.0 ～ 5.1
Galaxy Note 4	5.0 ～ 6.0
Galaxy Note 4 Edge	5.0 ～ 6.0
Galaxy Note 5	5.0 ～ 6.0
Grand Prime VE	5.1
Galaxy S4	5.0
Galaxy S5	5.0 ～ 6.0
Galaxy S5 Neo	5.1 ～ 6.0
Galaxy S6 Edge	5.0 ～ 6.0
Galaxy S6 Edge Plus	5.1 ～ 6.0
Galaxy S7	6.0
Galaxy S7 Active	6.0
Galaxy S7 Edge	6.0
Galaxy S6	5.0
Galaxy S6 Active	5.0

HTC

機型	系統版本
Butterfly 2	5.0 ～ 6.0
Butterfly 3	6.0
Butterfly S	5.0
Desire 830	5.1 ～ 5.1
Desire 820 Dual	5.0 ～ 6.0
Desire 825	6.0
Desire Eye	5.0 ～ 6.0
M10	6.0
M9	5.0 ～ 6.0
M9 Plus	5.0 ～ 6.0

機型	系統版本
M9+（極光版）	5.0 ～ 6.0
One（E8）	5.0 ～ 6.0
One A9	6.0
One E9+	5.0 ～ 6.0
One M8	5.0 ～ 6.0
One M8	5.0 ～ 6.0
One mini 2	5.0 ～ 6.0
One X9	6.0
One（E8 dual）	5.0 ～ 6.0
One max	5.0

Sony

機型	系統版本
Xperia C4	5.0 ～ 6.0
Xperia C5 Ultra	5.0 ～ 6.0
Xperia M4 Aqua Dual	5.0 ～ 6.0
Xperia M5	5.0 ～ 6.0
Xperia T2 Ultra	5.0 ～ 5.1
Xperia X	6.0
Xperia X Performance	6.0
Xperia XA	6.0
Xperia XA Ultra	6.0
Xperia X Compact	6.0
Xperia XZ	6.0
Xperia Z	5.0 ～ 5.1
Xperia Z Ultra	5.0 ～ 5.1

機型	系統版本
Xperia Z1	5.0 ～ 5.1
Xperia Z1 Compact	5.0 ～ 5.1
Xperia Z2	5.0 ～ 6.0
Xperia Z2a	5.0 ～ 6.0
Xperia Z3	5.0 ～ 6.0
Xperia Z3 Compact	5.0 ～ 6.0
Xperia Z3+	5.0 ～ 6.0
Xperia Z4	5.0 ～ 6.0
Xperia Z5	5.1 ～ 6.0
Xperia Z5 Compact	5.1 ～ 6.0
Xperia Z5 Premium	5.1 ～ 6.0
Xperia ZL	5.0 ～ 5.1
Xperia ZR	5.0 ～ 5.1

LG

機型	系統版本
G5	6.0
G5 SPEED	6.0
G Flex2	5.0 ～ 5.1
K10	6.0
Nexus 5X	6.0 ～ 7.0

機型	系統版本
V20	7.0
V10	5.1 ～ 6.0
X Fast	6.0
X Style	6.0
Zero	5.1

Huawei

機型	系統版本
Mate 9	7.0
Mate 9 Plus	7.0
Mate 8	6.0
Nexus 6P	6.0

機型	系統版本
P8	6.0
P9	6.0
P9 Lite	6.0
P9 Plus	6.0

Apple iPhone

Apple iPhone 6 之後推出的手機都已內建 NFC 功能晶片，然而 Apple iPhone 的 NFC 功能晶片目前只可以用於 Apple Pay，Apple 並未開放其他業者透過 iPhone 內建 NFC 功能晶片開發相關應用 APP。

機型	系統版本
iPhone 6	iOS8 ～ 10
iPhone 6 Plus	iOS8 ～ 10
iPhone 6S	iOS9 ～ 10
iPhone 6S Plus	iOS9 ～ 10

機型	系統版本
iPhone 7	iOS10
iPhone 7 Plus	iOS10
iPhone SE	iOS9 ～ 10

簡體中文
輸入法的設定方法

Setting simplified
Chinese input method

04

進行中國的實名認證時,必須使用簡體中文輸入資料,否則系統將會顯示「姓名與銀行帳戶名稱不一致」之類的訊息,使用戶無法完成驗證。若是在官方網站進行實名認證,還可以藉由翻譯工具或文書軟體,將繁體字轉換成簡體字,但若是在手機 APP 上,就需要使用簡體中文的輸入法。

以下將說明如何設定電腦與手機的簡體中文輸入法。

⌨ 設定手機的簡體中文輸入法

每家廠商的手機內建都有提供各種語言輸入法的鍵盤,因此簡體中文的輸入法可以按照各家廠牌的系統模式進行設定,即可在手機進行實名認證時使用。

▌iOS 手機的設定步驟

01

點選「設定」。

02

進入系統設定頁面後,往下點選「一般」。

03

在一般設定的頁面中，往下點選「鍵盤」。

04

點選「鍵盤」，進行輸入法的設定。

05

點選「新增鍵盤」，加入其他語言的輸入法。

06

在語言選項中，點選「簡體中文」。

07

❶ 點選「拼音－英文鍵盤」。（註：若是會書寫簡體字，可以選擇「手寫」或「筆畫」。）

❷ 確認無誤後，點選「完成」。

08

簡體輸入法設定完成。

▌Android 手機的設定步驟（以三星手機為例）

01

開啟手機，點選「設定」。
（註：輸入法屬於手機系
統內建的功能，因此需要
至系統主要功能的頁面，
進行設定。）

02

進入系統設定頁面後，往
下點選「語言及輸入」。
（註：輸入法的功能，一
般會被歸類在有關語言、
鍵盤或一般的選項中。）

03

在語言及輸入的頁面
中，點選「三星鍵盤」。

04

在鍵盤設定的頁面中，
點選「新增輸入語言」。

05

❶點選「中文」的開關，開啟
功能。（註：三星手機的「中
文」即是簡體中文，若是其他
手機廠牌，多半會以「簡體中
文」命名。）

❷點選「←新增輸入語言」，
回到前一頁進行確認。

06

簡體中文輸入法設定完成。

設定電腦的簡體中文輸入法

Windows 7 的操作方法

　　使用 Windows 7 作業系統的用戶可以透過 PC 電腦內建的中文注音輸入法，直接輸出簡體字，就不需要透過翻譯工具或文書軟體，也不需要對照中國羅馬拼音表，就可以輕鬆使用簡體中文輸入法。

01　❶將滑鼠移至「中文輸入法」上，點選滑鼠右鍵。
　　　❷點選「設定值」。

02　❶進入輸入語言的頁面，點選「中文（繁體）新注音 2010」。
　　　❷點選「內容」，進入新注音輸入法的設定頁面。

03 ❶在輸出語言的項目，點選「簡體中文」。

❷確認無誤後，點選「確定」。

04 回到輸入語言的頁面，點選「確定」，簡體中文輸入法設定完成。（註：若想恢復繁體中文，以同樣的方式進行設定，即可輸出繁體字。）

Windows 8 和 Windows 10 的操作方法

在 Windows 8 和 Windows 10 的作業系統中，用戶可以藉由設定 PC 電腦內建的輸入法，直接開啟簡體中文輸入法，就可以不需要下載並安裝其他輸入法，即可對照中國羅馬拼音表輸出簡體字。

01 ❶點選左下角的「開啟」，顯示選單項目。
　　 ❷點選「設定」。

02 進入設定的頁面，點選「時間與語言」。

03 在時間與語言的頁面中，點選左側的「地區與語言」。

04 在語言設定的部分，點選「新增語言」。

新增語言

輸入語言名稱...

Hornjoserbšćina	Dolnoserbšćina	Türkçe	Türkmen dili
上索布文	下索布文	土耳其文	土庫曼文 (拉丁文)
中文(繁體)	中文(简体)	کوردیی ناوەڕاست	Dansk
中文 (繁體)	中文 (簡體)	中部庫德文	丹麥文
Frysk	Башҡорт	Euskara	日本語
夫里斯蘭文	巴什喀爾文	巴斯克文	日文
Reo Māori	Galego	DavviSámegiella	Català
毛利文	加里斯亞文	北沙米文	卡達隆尼亞文

05 在新增語言的頁面中，點選「中文（簡體）」。

中文(简体)

輸入語言名稱...

中文(中华人民共和国)	中文(新加坡)
中文 (簡體，中國)	中文 (簡體，新加坡)

06 點選「中文（中華人民共和國）」，畫面自動回到地區與語言的頁面。

⚙ 首頁

尋找設定

時間與語言

📅 日期和時間

🌐 地區與語言

🎙 語音

國家或地區

Windows 與應用程式可能會根據您所在國家或地區為您提供供本地化的內容

台灣 ⌄

語言

您可以使用您新增到清單中的任何語言來輸入，Windows、App 與網站將優先以清單中所支援的第一個語言顯示。

➕ 新增語言

文A 中文(台灣)
Windows 顯示語言

文A 中文(中华人民共和国)

相關設定

其他日期、時間及區域設定

07 簡體中文輸入法設定完成。

繁簡字拼音對照表

簡體中文輸入法一般採用羅馬拼音，然而國際的中文羅馬拼音規則與中國的拼音規則略有不同，因此使用簡體中文輸入法前，必須先瞭解中國的拼音規則，才能順利輸出簡體字。

以下提供中國拼音與台灣注音的對照表，使用者只需參考圖表使用簡體中文輸入法，即可輕鬆輸出簡體字。

繁簡字拼音對照表

台灣注音 （聲母）	中國拼音 （單獨出現）	中國拼音 （與韻母合併）
ㄅ	b	
ㄆ	p	
ㄇ	m	
ㄈ	f	
ㄉ	d	
ㄊ	t	
ㄋ	n	
ㄌ	l	
ㄍ	g	
ㄎ	k	
ㄏ	h	
ㄐ	j	
ㄑ	q	
ㄒ	x	
ㄓ	zhi	zh
ㄔ	chi	ch
ㄕ	shi	sh
ㄖ	ri	r
ㄗ	zi	z
ㄘ	ci	c
ㄙ	si	s

台灣注音 （聲母）	中國拼音 （單獨出現）	中國拼音 （與聲母合併）
ㄚ	a	
ㄛ	o	
ㄜ	e	
ㄝ	ê	
ㄞ	ai	
ㄟ	ei	
ㄠ	ao	
ㄡ	ou	
ㄢ	an	
ㄣ	en	
ㄤ	ang	
ㄥ	eng	
ㄦ	er	

台灣注音 （聲母）	中國拼音 （單獨出現）	中國拼音 （與聲母合併）
ー	yi	i
ーＹ	ya	ia
ーせ	ye	ie
ー幺	yao	iao
ーヌ	you	iu
ーㄢ	yan	ian
ーㄣ	yin	in
ーㄤ	yang	iang
ーㄥ	ying	ing
Ｘ	wu	u
ＸＹ	wa	ua
Ｘㄛ	wo	uo

台灣注音 （聲母）	中國拼音 （單獨出現）	中國拼音 （與聲母合併）
Ｘㄞ	wai	uai
Ｘㄟ	wei	ui
Ｘㄢ	wan	uan
Ｘㄣ	wen	un
Ｘㄤ	wang	uang
Ｘㄥ	weng	ong
ㄩ	yu	u
ㄩせ	yue	ue
ㄩㄢ	yuan	uan
ㄩㄣ	yun	un
ㄩㄥ	yong	iong

Note

◎舉例

吳	Ｘ	wu
虞	ㄩ	yu
思	ㄙ	si
琪	ㄑー	qi

山	ㄕㄢ	shan
雄	ㄒㄩㄥ	xiong
錦	ㄐーㄣ	jin
聰	ㄘㄨㄥ	cong

商家應用
Business application

05

　　行動支付在台灣是熱門的話題，也是未來的發展趨勢，因此台灣的行動支付 APP，如雨後春筍般不斷出現，以及推廣和拓展支付情境，也漸漸影響台灣民眾的付款習慣和商家的收款方式，甚至因為支付平台的功能服務，改變部分商家的營運模式，讓商家因此提升工作效率，擴大營銷範圍，帶動業績成長。以下將為商家簡單說明成為行動支付平台合作商家的辦法及相關應用。

成為 GOMAJI Pay 合作商家

　　GOMAJI Pay 已與數家餐飲業合作，提供商家快速收款的服務外，也協助商家行銷經營。若想成為 GOMAJI Pay 的特約商店，需要先至 GOMAJI 官方網站填寫「店家合作」的報名表，等候 GOMAJI 行銷顧問聯繫，再進一步洽談合作內容，建立合作的關係。

GOMAJI 店家線上
報名 QR Code

▎合作流程

Step 1
填寫合作提案申請表

➡

Step 2
等待行銷顧問聯繫

➡

Step 3
洽談合作相關事宜

🏬 成為 LINE Pay 合作商家

LINE Pay 目前已與數家網路商店合作，讓合作商家不論是在各自的電子商務網站，或是行動版網頁和手機 APP 中，都可以提供消費者使用 LINE Pay 進行付款，方便商家收款，也提供銀貨兩訖的交易保障。以下簡單說明成為 LINE Pay 合作商家的辦法，註冊詳情可至 LINE Pay 商家專區查詢。

LINE Pay 商家專區
QR Code

▌註冊流程

 ➡ ➡ ➡ ➡

Step 1	Step 2	Step 3	Step 4	Step 5
準備必備文件	填寫申請資訊	上傳所須文件	等待審查結果	完成商家註冊

▌註冊必備資料

1. 公司設立（變更）事項登記表。
2. 負責人身分證正反面影本。（註：若負責人為外國人士，則以護照影本。）
3. 撥款帳號的銀行存摺影本。
4. 商品販售的相關證照資格文件。

▌註冊相關問題

> Question 01　申請成為合作商家需要費用嗎？

註冊成為 LINE Pay 的商家不需要任何手續費用，但未來將會依規定向商家收取 3%（未稅）的交易手續費。

> Question 02　註冊所需的相關文件，可以用郵寄或傳真的方式寄送嗎？

LINE Pay 只收取以上傳或電子郵件的方式所提交的相關文件。

> Question 03　審查需要多久時間？

審查作業約 5 ～ 10 個工作日，LINE Pay 將會以通知信告知審查結果。若超過 10 天仍未收到通知信，可以寄信至 dl_linepay_inquiry_tw@linecorp.com，詢問處理的狀況。（註：詢問信件中必須註明申請的 ID 帳號和統一編號。）

成為歐付寶 allPay 合作商家

歐付寶 allPay 個人與商務會員只要通過驗證項目，都可以進行收款事項，然而個人會員的收款額度有限，且手續費須依歐付寶 allPay 的規定，因此建議合法登記的法人、團體或公司行號註冊成為商務會員，因為商務會員只要提升會員級別，就可以依需求申請議定合約內容，以享有合適的合作方案。以下簡單說明成為歐付寶 allPay 合作商家的辦法，註冊詳情可至歐付寶 allPay 商務專區查詢。

歐付寶 allPay
商務專區 QR Code

▌註冊流程

Step 1
填寫註冊資訊
➡

Step 2
手機號碼驗證
➡

Step 3
驗證相關資料
➡

Step 4
等待審查結果
➡

Step 5
完成商務註冊

▌註冊必備資料

1. 負責人身分證正反面影本。
2. 公司設立（變更）事項登記表（或稅籍證明書、商業登記抄本其他營業證明文件）。
3. 公司登記名（限台灣公司）的銀行帳戶資訊。

▌註冊相關問題

Question 01　申請成為合作商家需要費用嗎？

註冊成為歐付寶 allPay 的商務會員不需要任何手續費用，但未來將會依規定向商家收取交易手續費。

Question 02　若商務會員的收款額度、手續費率、撥款天數等事項需要商議，該如何提出申請？

可以至歐付寶 allPay 官網下方點選「合作提案」，直接與歐付寶客服專員洽談。

Question 03　需要多久時間才能知道審核結果？

歐付寶 allPay 商務會員的身分驗證，需要 2～3 個工作日的處理時間，審核結果將會顯示於商務專區中的「驗證資料」內。

成為 Pi 行動錢包合作商家

Pi 行動錢包提供商家行動接單的功能服務,讓商家可以在行動商家 APP 中立即得知訂單資訊,並且可以依店鋪的實際情況,安排消費者取餐的時間,以協助商家輕鬆經營店鋪。以下簡單説明成為 Pi 行動錢包合作商家的辦法,註冊詳情可至 Pi 行動錢包商業會員專區查詢。

Pi 行動錢包商業
會員專區 QR Code

註冊流程

Step 1
建立商店帳號

Step 2
驗證帳號資料

Step 3
填寫商家資訊

Step 4
等待審查結果

Step 5
完成商家註冊

註冊必備資料

1. 負責人的基本資料,如身分證字號、出生年月日、手機號碼、電子信箱等。
2. 商店相關資訊,如營業類別、商店地址、商店網址等。
3. 撥款的銀行帳戶資訊。

註冊相關問題

Question 01　申請成為合作商家需要費用嗎?

註冊成為 Pi 行動錢包的商業會員,免 APP 下載費、免設定費和免年費,只有在訂單交易成功時,才會向商家收取小額交易手續費(行動接單手續費 2.5%、掃碼收款手續費 2%)。

Question 02　「實體商店」與「虛擬商店」的商業會員有何不同?

Pi 行動錢包依商店經營型態將商業會員分為「實體商店」和「虛擬商店」。「實體商店」是指開設實體店面或賣場的商家,只須填寫營業類別與商店地址,不需要等待審核結果,即可完成商業會員的註冊。「虛擬商店」是指以網路賣場、FB 社團或社交平台等進行線上銷售的商家,除了需要填寫營業類別、營業網址與聯絡地址之外,還需要等待審核結果。

要等多久才能知道「虛擬商店」的審核結果？

　　虛擬商店的資料審核作業需要 2 ～ 4 個工作日，尚未通過審核的期間，不能使用商業會員帳號的功能，也不能運用商店 QR Code ／代碼進行收款。

成為 ezPay 台灣支付合作商家

　　ezPay 台灣支付採用合作提案和招商講習的方式與商家建立合作關係。前者可以在官網客服中心填寫合作提案申請表，待服務專員的聯繫後，才會再進一步洽談合作內容，並建立合作關係；後者則可以在官網首頁免費報名招商講習，在招商講習現場先瞭解 ezPay 台灣支付的產品特色與服務內容，再進一步洽談合作內容，建立合作的關係。

ezPay 台灣支付
合作提案 QR Code

▌合作流程

◎方法一

Step 1
填寫合作提案申請表

Step 2
等待服務專員聯繫

Step 3
洽談合作相關事宜

◎方法二

Step 1
招商講習

Step 2
瞭解服務內容

Step 3
洽談合作相關事宜

🏪 成為 PayPal 合作商家

PayPal 的網路合作商家已遍布全球，讓合作商家可以在各自的電子商務網站、行動版網頁或手機 APP 等購物平台與全球各地的消費者進行交易，也讓有小額交易需求的用戶，如 LINE 貼圖收款、二手拍賣等，可以使用電子信箱快速申辦成為商業帳戶，進行收款。目前 PayPal 因應台灣相關法規，使得台灣商家用戶不能與台灣用戶進行交易，但仍可進行跨境交易，並且透過玉山全球通提領 PayPal 的帳戶款項。以下簡單說明成為 PayPal 合作商家的辦法，註冊詳情可至 PayPal 商家專區查詢。

PayPal 商業帳戶專區
QR Code

▌註冊流程

Step 1
輸入電子信箱

Step 2
填寫商家資訊

Step 3
啟動商業帳戶

Step 4
認證信用卡／金融卡

Step 7
完成商家註冊

Step 6
連結玉山全球通

Step 5
等待審查結果

▌註冊必備資料

1. 電子信箱。（註：PayPal 以電子信箱作為帳號，若已有 PayPal 個人帳戶可直接升級成商業帳戶。）

2. 必須年滿 18 歲。（註：PayPal 以填寫的生日資料核實條件。）

3. 玉山網路銀行與玉山全球通。（註：台灣商業用戶目前只能以玉山全球通提領 PayPal 款項，因此需要申辦玉山銀行帳戶，並開通「網路銀行」和「全球通」的服務。）

4. 用於認證帳戶的信用卡。（註：建議使用玉山銀行的 VISA 金融卡。）

▌註冊相關問題

Question 01　申請成為合作商家需要費用嗎？

　　註冊成為 PayPal 商業帳戶，不需要支付註冊費和月費，只有在訂單交易成功時，PayPal 才會依規定直接從交易款項中扣除一定比例的跨國交易手續費。

Question 02　為什麼無法連結玉山全球通？

　　請確認玉山全球通的銀行帳戶登記名與 PayPal 帳戶登記名相同，若登記名相同仍無法連結，請聯繫玉山全球通客服人員，協助處理。（註：關於玉山全球通的相關資訊，可以參考 P.270。）

Question 03　認證信用卡／金融卡的審查結果，需要多久的時間？

　　審查作業約 3 ～ 7 個工作天。以玉山銀行的信用卡為例，約 3 天後就可以在玉山網路銀行查詢到 PayPal 試刷的款項，再前往 PayPal 商業帳戶連結並確認信用卡資料即可。

🏪 成為街口支付合作商家

　　街口支付提供完善的店鋪經營系統，讓商家可以快速掌控訂單的處理狀況，也可以自訂街口支付店鋪的基本資訊和行銷標語，甚至可以配合行銷活動販售自訂折扣的優惠票券，讓商家輕鬆經營店鋪。以下簡單說明成為街口支付合作商家的辦法，註冊詳情可至街口支付店家專區查詢。

街口支付
店家專區 QR Code

▌註冊流程

Step 1	Step 2	Step 3	Step 4	Step 5
填寫公司資料	建立店鋪資訊	上傳證明文件	等待審查結果	完成店家註冊

▌註冊必備資料

1. 公司戶，須提供公司營利事業登記證圖檔。

2. 個人戶，須提供負責人身分證正反面圖檔。

3. 請款的銀行帳戶存摺圖檔。

▌註冊相關問題

Question 01　**申請成為合作商家需要費用嗎？**

　　註冊街口支付商家會員免建置費、免年費，只有在訂單交易成功時，才會向商家收取交易手續費。

Question 02　**註冊街口支付時填寫的電子信箱，之後可以更改嗎？**

　　街口支付商家會員是以電子信箱作為帳號，因此申請通過後，將不能更改。

Question 03　**如何查詢審核結果？**

　　當通過審核，街口支付將會寄通知信至註冊的電子信箱，以告知登入商家後台的帳號與密碼，收到通知信後，即可登入商家後台開始管理店鋪，街口的營運人員也會來電協助商家啟動店鋪。

成為 Apple Pay 合作商家

Apple Pay 已可在數個國家使用，不只方便消費者可以在合作商店快速支付款項，也方便實體商家只須確認既有的 POS（銷售點管理系統）具備 NFC 功能晶片，並且可以接受 VISA、MasterCard、美國聯通等信用卡和金融卡進行感應付款，就可以向 POS 供應商確認系統是否支援 Apple Pay，以更新 POS 版本開始使用 Apple Pay 進行收款。

Apple Pay 商家相關
資訊 QR Code

而網路商家則可以根據官方的「開發人員適用的 Apple Pay」資訊，瞭解如何設定自家的電子商務網站、行動版網頁或手機 APP 等購物平台，或是向 Apple Pay 官方在台灣的合作公司（ezPay 台灣支付、Green World 綠界科技和 TapPay）申請設定 Apple Pay，以方便與全球各地的消費者進行跨境交易。以下簡單說明成為 Apple Pay 合作商家的辦法，註冊詳情可至 Apple Pay 商家相關資訊查詢。

Apple Pay 開發人員
專區 QR Code

實體商家合作流程

Step 1
具備感應式 POS

Step 2
聯繫 POS 供應商

Step 3
確認支援 Apple Pay

Step 4
成為合作商家

網路商家合作流程

◎方法一

Step 1
前往開發人員專區

Step 2
瞭解 Apple Pay 規範

Step 3
設定 Apple Pay

Step 4
成為合作商家

◎方法二

Step 1
前往合作公司的官網

Step 2
填寫 Apple Pay 申請表

Step 3
等候專員聯繫

Step 4
洽談申辦事宜

玉山兩岸支付通－支付寶／財付通線上收款

玉山兩岸支付通提供金流、物流和資訊流的整合服務，當中國消費者送出訂單，系統會自動通知物流前往商家取貨，並將商品出貨至中國，對此商家不需要擔心匯兌風險，因為可以新台幣訂價、新台幣收款，而中國消費者也可以使用支付寶或財付通支付款項，讓台灣網路商家可以輕鬆將銷售市場推廣至中國。以下簡單説明玉山兩岸支付通的申請辦法，申辦詳情可至玉山兩岸支付通專區查詢，或向玉山銀行全台各分行洽詢。

玉山兩岸支付通專區
QR Code

▌申請流程

Step 1
填寫申請表

➡

Step 2
等候專員聯繫

➡

Step 3
洽談申辦事宜

▌申請相關問題

Question 01 　**玉山兩岸支付通的申辦條件？**

商家販售的商品和服務必須符合兩岸法令與品質規範，並且商品應符合台灣出口與中國進口通關相關法規。（註：透過玉山兩岸支付通所販售的商品，玉山銀行保有商品審查權利。）

Question 02 　**中國消費者會以何種方式付款？**

玉山兩岸支付通與中國支付寶和財付通合作，因此中國消費者將以這兩種方式進行線上付款。

Question 03 　**新台幣與人民幣的匯兌風險將如何處理？**

商品以新台幣訂價、新台幣收款，實際入帳的金額為商品的新台幣訂價扣除每筆交易的手續費。

玉山跨境手機掃碼支付－支付寶線下收款

玉山銀行提供台灣實體商店跨境手機掃碼支付的服務，讓中國消費者可以使用支付寶 APP 掃描商家展示的 QR Code，或是出示支付寶付款條碼供商家掃碼，以購買台灣實體商店的商品或服務，而台灣商家也可以新台幣訂價、新台幣收款，不需要擔心匯率風險，讓買賣雙方的交易更加方便且快速。以下簡單說明玉山跨境手機掃碼支付的申請辦法，申辦詳情可至玉山跨境手機掃碼支付專區查詢，或向玉山銀行全台各分行洽詢。

玉山跨境手機掃碼
支付專區 QR Code

▌申請流程

Step 1
填寫申請表

➡

Step 2
等候專員聯繫

➡

Step 3
洽談申辦事宜

▌申請相關問題

Question 01　使用跨境手機掃碼支付需要付款嗎？

每筆交易都會收取一定比例的手續費和服務年費，詳情請洽各分行服務專員。

Question 02　使用跨境手機掃碼支付收款，需要有支付寶帳號嗎？

不需要，開立玉山銀行帳戶即可收款。

Question 03　商品價格需要以人民幣訂價嗎？

商品以新台幣訂價、新台幣收款，實際入帳的金額為商品的新台幣訂價扣除每筆交易的手續費。

Question 04　跨境手機掃碼支付收到的款項可以直接存入支付寶帳戶嗎？

不可以，跨境手機掃碼支付收到的款項將存入申請時所指定的玉山銀行帳戶。

Question 05　台灣消費者可以使用跨境手機掃碼支付付款嗎？

只要支付寶通過實名認證，並綁定中國銀行卡，就可以使用。（註：支付寶的實名認證方法，可參考 P.71。）

🏪 玉山全球通－ PayPal 快速提領

　　玉山銀行提供台灣 PayPal 用戶帳戶提領的服務，只需要申辦玉山銀行的帳戶，並且開通玉山銀行的網路銀行，再將 PayPal 帳戶與玉山網路銀行帳戶連結，即可隨時隨地快速提領 PayPal 的款項。以下簡單說明玉山全球通的申請辦法，申辦詳情可至玉山全球通專區查詢，或向玉山銀行全台各分行洽詢。

玉山全球通專區
QR Code

▎申請流程

Step 1	Step 2	Step 3	Step 4
前往玉山銀行開戶	開通玉山網路銀行	連結 PayPal 帳戶	使用玉山全球通提款

▎申請必備資料

🔲 **公司戶**

1. 負責人身分證與第二證件（如健保卡、護照、駕照、戶口名簿或戶籍謄本等）正本。

2. 公司登記證明文件（如主管機關核准公司登記之核准函、公司設立／變更登記表或公司登記證明書等）正本、股權證明文件、公司章程及公司大小印鑑。

🔲 **個人開戶（年滿 20 歲）**

本人身分證與第二證件（如健保卡、護照、駕照、學生證、戶口名簿或戶籍謄本等）正本。

🔲 **個人開戶（18 歲～未滿 20 歲）**

1. 未成年人與父母雙方，持三人身分證及第二證件正本，親自前往臨櫃辦理。

2. 若有一方未到場，須以提交法定代理人同意書表示認許。（註：法定代理人同意書可至全台玉山銀行分行索取。）

🔲 **外籍人士**

本人台灣居留證與護照正本。

申請相關問題

Question 01 申請玉山全球通需要哪些條件？

使用玉山全球通提領 PayPal 帳戶者必須是 PayPal 用戶本人，且玉山全球通的服務主要提供給台灣公司行號與台灣民眾，若是外籍人士須持有台灣居留證才可申辦。

Question 02 玉山全球通提領 PayPal 款項需多久時間才會入帳？

每筆提領的交易約 3 ～ 5 個工作日。若超過 5 個工作天款項未存入指定的玉山銀行帳戶，可以電話洽詢玉山 e 客服專員，詢問詳情。

Question 03 玉山全球通提供哪些 PayPal 提領功能？

不論是哪種幣別的 PayPal 款項，都可以提領至玉山銀行新台幣或美元的帳戶，並且可以掌握每次的提領進度，以及查詢歷史資料，輕鬆核對 PayPal 與玉山銀行的帳目。

Question 04 PayPal 款項可以至玉山銀行臨櫃提領嗎？

玉山全球通的服務只限於玉山網路平台上操作，因此玉山銀行臨櫃不提供提領 PayPal 款項的服務。

行動支付
Mobile payment
：掌握新消費習慣
大解構

書　　名　行動支付大解構：掌握新消費習慣
作　　者　盧‧納特（Lew‧Nat）
發 行 人　程顯灝
總 編 輯　盧美娜
主　　編　譽緻國際美學企業社‧莊旻嬑
助理編輯　譽緻國際美學企業社‧黃品綺
美　　編　譽緻國際美學企業社‧羅光宇
封面設計　洪瑞伯

藝文空間　三友藝文複合空間
地　　址　106 台北市大安區安和路二段 213 號 9 樓
電　　話　(02) 2377-1163

發 行 部　侯莉莉
出 版 者　四塊玉文創有限公司
總 代 理　三友圖書有限公司
地　　址　106 台北市安和路 2 段 213 號 4 樓
電　　話　(02) 2377-4155
傳　　真　(02) 2377-4355
E-mail　　service@sanyau.com.tw
郵政劃撥　05844889 三友圖書有限公司

總 經 銷　大和書報圖書股份有限公司
地　　址　新北市新莊區五工五路 2 號
電　　話　(02) 8990-2588
傳　　真　(02) 2299-7900

初　　版　2017 年 5 月
定　　價　新臺幣 380 元
I S B N　978-986-94592-2-8（平裝）

國家圖書館出版品預行編目 (CIP) 資料

行動支付大解構：掌握新消費習慣 / 盧．納特
(Lew.Nat) 作 . — 初版 . — 臺北市：四塊玉
文創，2017.05
　　面；　公分
ISBN 978-986-94592-2-8（平裝）

1. 電子貨幣 2. 電子商務

563.146　　　　　　　　　　　106004465

三友官網　　　三友 Line@